Yes, nós temos
BANANAS

Histórias e receitas
com biomassa
de banana verde

Dados Internacionais de Catalogação na Publicação (CIP)
(Câmara Brasileira do Livro, SP, Brasil)

Valle, Heloisa de Freitas
 Yes, nós temos bananas : histórias e receitas com biomassa de banana verde / Heloisa de Freitas Valle, Marcia Camargos. – São Paulo : Editora Senac São Paulo, 2002.

 Bibliografia
 ISBN 978-85-396-0139-4

 1. Banana – História 2. Culinária (Banana) I. Camargos, Marcia. II. Título.

03-0801   CDD-641.64772

Índice para catálogo sistemático:
 1. Banana verde : Biomassa : Culinária   641.64772

1ª edição: 2002; 2ª edição: 2004; 3ª edição revista e ampliada: 2011

Yes, nós temos
BANANAS

Histórias e receitas
com biomassa
de banana verde

Heloisa de Freitas Valle
Marcia Camargos

3ª EDIÇÃO REVISTA E AMPLIADA

Administração Regional do Senac no Estado de São Paulo
Presidente do Conselho Regional: Abram Szajman
Diretor do Departamento Regional: Luiz Francisco de A. Salgado
Superintendente Universitário e de Desenvolvimento: Luiz Carlos Dourado

Editora Senac São Paulo
Conselho Editorial: Luiz Francisco de A. Salgado
　　　　　　　　　　　Luiz Carlos Dourado
　　　　　　　　　　　Darcio Sayad Maia
　　　　　　　　　　　Lucila Mara Sbrana Sciotti
　　　　　　　　　　　Jeane Passos Santana

Gerente/Publisher: Jeane Passos Santana (jpassos@sp.senac.br)

Editora Executiva: Isabel M. M. Alexandre (ialexand@sp.senac.br)
Assistente Editorial: Pedro Barros (pedro.barros@sp.senac.br)

　Preparação de Texto: Beth Griffi
　Revisão de Texto: Ivone P. B. Groenitz (coord.), Solange A. Pereira
　Projeto Gráfico e Capa: Sylvia Monteiro
　Editoração Eletrônica: Fabiana Fernandes
　Consultora Nutricional: Andréa Esquivel
　Impressão e Acabamento: Gráfica Parma

　Imagens: Vinhetas e reproduções de obras de J. B. Debret (pp. 6, 20 e 71),
　Thomas Ender (p. 14), Albert Eckhout (p. 61), L. Segall (p. 63),
　Von Martius (p. 68) e Antonio Henrique Amaral (p. 78).

　Marcha *Yes, nós temos bananas*, composta por João de Barro
　(pseudônimo do Braguinha) e Alberto Ribeiro, gravada por Almirante.
　© 1938, by Mangione, Filhos & Cia. Ltda. (sucessora de E. S. Mangione).

Comercial: Rubens Gonçalves Folha (rfolha@sp.senac.br)
Administrativo: Carlos Alberto Alves (calves@sp.senac.br)

Proibida a reprodução sem autorização expressa.
Todos os direitos desta edição reservados à
Editora Senac São Paulo
Rua Rui Barbosa, 377 – 1º andar – Bela Vista – CEP 01326-010
Caixa Postal 1120 – CEP 01032-970 – São Paulo – SP
Tel. (11) 2187-4450 – Fax (11) 2187-4486
E-mail: editora@sp.senac.br
Home page: http://www.editorasenacsp.com.br

© Heloisa de Freitas Valle e Marcia Camargos, 2002

Sumário

Nota do editor, 7
Prefácio – *Arnaldo Lorençato*, 9
Agradecimentos, 15
Apresentação, 17
Quem não gosta de banana?, 21
    Origens e história, 30
    O que é que a banana tem?, 38
    De fruta exótica a importante produto comercial, 41
    Você sabia?, 47
    Banana em penca, 50
    Crendices e ditos populares, 52
    Yes, nós temos bananas, 54
    Banana, evocação dos trópicos, 61
    Delícia versátil e nutritiva, 64
    O trunfo da banana verde, 71

Propriedades funcionais da banana verde, 79
    Aspectos funcionais do amido resistente, 82
    Ação prebiótica e probiótica do amido resistente, 82
    Amido resistente e câncer colorretal, 84
    Constipação, diarreia e doenças colônicas, 84
    Índice glicêmico (IG) e resposta insulêmica, 85
    Amido resistente no tratamento de dislipidemia, 86
    Amido resistente na regulação da saciedade, 87
    Conclusão, 87

Referências bibliográficas, 89

A biomassa, 93
    Os pilotos de prova do Grand Hotel São Pedro, 94
    Processo artesanal da biomassa de banana verde, 95
    Processamento da banana verde passo a passo, 97
    Resumo de biomassas, 97
    Biomassa P, 98
    Biomassa F, 98
    Biomassa I, 101
    Biomassa E, 101
    Como reprocessar a biomassa retirada do congelador, 102
    Fotos de pratos preparados com biomassa, 103

Receitas, 109
    Bebidas, 111
    Bolos, 115
    Doces e sobremesas, 122
    Caldas e molhos, 154
    Pães, 173
    Pratos salgados, 182
    Sopas, 248

Receitas sem glúten, 261
Receitas com farinha integral, 283
Índice de receitas, 291

Nota do editor

A banana, que a humanidade cultiva há 8 mil anos e atualmente representa grande parte da alimentação diária de mais de 400 milhões de pessoas no mundo, revela-se aqui em seu extraordinário potencial nutritivo, capaz de produzir muitos pratos saborosos a custo baixíssimo.

Marcia Camargos conta fatos e histórias que a banana inspira: a origem, o nome, o solo em que medra, os cuidados que requer, as peculiaridades, as qualidades vitamínicas e medicinais, a trajetória pelos séculos e pelas terras, as variedades e utilidades, os países produtores, a importância econômica, o folclore, a arte. A arte popular: "*Yes*, nós temos bananas / bananas pra dar e vender...".

Heloisa de Freitas Valle propõe um aproveitamento diferente dela: ainda verde, na forma de uma pasta usada como coadjuvante essencial das receitas apresentadas. São receitas simples, feitas para a "cozinha do cotidiano", que se valem da banana verde já com as vitaminas e os sais minerais característicos e preciosos, mas sem o gosto que ela adquire ao amadurecer. A pasta assim obtida aumenta o volume dos pratos, conservando o sabor de cada um.

O Grande Hotel São Pedro, do Senac São Paulo, testou e aprovou o uso da biomassa, que mantém os aspectos visuais e de sabor das receitas.

O leitor terá a oportunidade de, além de saber um pouco mais sobre essa fruta tão apreciada aqui e no mundo, descobrir o segredo da biomassa da banana verde, com potencial para o desenvolvimento socioeconômico do país.

Deliciosas receitas, enriquecidas com as fibras e os nutrientes necessários para uma alimentação saudável e bem mais natural, também fazem parte deste livro.

É mais uma contribuição do Senac São Paulo a um tema prioritário no país, o da alimentação ao alcance de todos.

Prefácio

Muitos livros de culinária já foram escritos, mas poucos com uma proposta tão inusitada e surpreendente como a de *Yes, nós temos bananas*. Fugindo do lugar-comum das receitas de *chefs* consagrados ou das iguarias "exóticas", o ineditismo desta obra está na utilização de um ingrediente tão coadjuvante quanto especial: a polpa de banana verde cozida, batizada de "biomassa de banana".

E o que a biomassa de banana tem de tão formidável? Inventada por Heloisa de Freitas Valle, a Helô, a biomassa é um purê de banana verde que atua como um poderoso espessante. Não há ciência nenhuma nesse processo, a não ser o mérito de sua descoberta. Heureca!

Como o maná bíblico, a biomassa de banana é capaz de multiplicar alimentos. E com uma vantagem extraordinária: por se tratar da fruta verde, não possui gosto e, portanto, não altera o sabor dos pratos em que está sendo adicionada. Só lhes aumenta o volume com a singularidade de acrescentar-lhes vitaminas e sais minerais.

Mulher arrojada, anos atrás Heloisa resolveu cozinhar banana verde depois de descobrir que a despensa de sua fazenda no Vale do Ribeira tinha sido arrombada e não restava mais nada para comer. Sabiamente, a mestre-cuca de predicados inegáveis utilizou como princípio uma receita caiçara, o peixe azul-marinho ou o peixe azul, talvez o único prato brasileiro com banana verde, aquela deliciosa caldeirada de peixe arroxeada por causa do tanino da fruta. Com essa ideia na cabeça, Heloisa fez uma sopa, saboreada com prazer por aqueles que a acompanhavam naquela ocasião.

O primeiro passo tinha sido dado para a descoberta de novos usos da banana verde. Heloisa resolveu investir em suas pesquisas e chegou à biomassa, cujo alto teor nutritivo foi atestado por especialistas da Universidade de São Paulo e da Universidade Federal de São Carlos. Passou a aproveitar tudo da banana: a polpa, a casca e o coração, aquela flor vermelha que fica na ponta do cacho.

Na proposta de Heloisa, a biomassa de banana quase nunca é o ingrediente principal, mas o coadjuvante essencial. E não há restrições quanto ao seu uso. Desde que usada em proporções corretas, pode ser agregada à maioria das receitas, em particular àquelas mais simples. Por isso, neste seu livro enaltece a cozinha do cotidiano. São dicas de uma mãezona, hoje avó, que alimenta seus filhos com generosidade.

Mas o livro não existiria, caso não houvesse a coautoria de Marcia Camargos. Foi ela quem propôs a Heloisa transformar a experiência com a biomassa de banana verde num receituário organizado. Historiadora e jornalista, Marcia fez muito mais do que isso. Dedicou-se a narrar nas páginas que precedem as receitas a história da banana, que muitos acreditam ser legitimamente brasileira. De maneira apetitosa, Marcia conta que a banana já existia no Brasil, mas somente a pacova, que só pode ser comida depois de assada. A fruta, comprada em feiras livres, supermercados e sacolões, veio da Ásia, mais precisamente da Índia.

O curioso é que o primeiro encontro de Marcia Camargos e Heloisa de Freitas Valle aconteceu às avessas. Sem ter nenhum contato com a grande incentivadora do consumo de bananas, Marcia se aproximou dela ao escrever *Villa Kyrial: crônica da* Belle Époque *paulistana*, sua tese de doutorado em História pela Universidade de São Paulo, que se tornou um livro publicado pela Editora Senac São Paulo. Nesse trabalho, Marcia recuperou uma importante página da vida cultural da capital paulista ao contar os saraus e tertúlias literárias e de ideias promovidos nos anos 1920 do século passado na Villa Kyrial, a mansão do senador José de Freitas Valle, um grande patrono das artes e avô de Heloisa. Ao conhecê-la, Marcia ficou tão encantada com o magnífico projeto da biomassa quanto se encantara com o resgate da história de seu antepassado, o mecenas da cultura. Ela então se prontificou a ajudar Heloisa na organização do livro de culinária. Deu certo. Marcia acrescenta saber ao sabor de Heloisa.

Evitando a tradição de ordenar as receitas na sequência de entradas, pratos e sobremesas, as parceiras começam pelo final, pelo prazer e pelo pecado da gula derramados em açúcar. Doceira de mão-cheia, Heloisa põe em primeiro plano uma seleção de sobremesas. São guloseimas muito simples, que nenhuma dona de casa terá dificuldade em fazer. Há um gostinho de "quero mais" em todas as páginas. É impossível resistir aos biscoitos para a merenda no meio da tarde, chamados de "esquecidos", mas que jamais deixam a memória. E a densa musse de maracujá que fiz questão de testar em casa junto com a *bavaroise* de café, esta mais refinada, próxima dos preceitos lançados pelo grande *chef* francês Marie-Antoine Carême (1784-1833) no século XIX.

Nas festas de Heloisa tem brigadeiro, beijinho e outras tentações. E doce de leite, em losangos tão branquinhos, com pouco açúcar, que se desmancha na boca. Todos esses doces são a prova de como biomassa e açúcar fazem um casamento estupendo.

Mas este não é um livro só de sobremesas. Inspirada pelo trabalho de grandes *chefs* que trocam a batata pela mandioquinha ou outros legumes para fazer nhoque, a cozinheira talentosa os substitui por biomassa de banana. Nos sábios conselhos culinários da matriarca, aprendemos a aproveitar a banana integralmente. Com o coração prepara-se um aperitivo tão saboroso quanto uma *caponata* ou *ratatouille* de berinjela. Rica em fibras e proteínas vegetais, a casca é utilizada para incrementar o arroz e a carne, além de bolos e pães. As dicas e receitas de Helô também abrem margem para a livre criação de novidades. Basta usar a imaginação e não ter preconceitos.

Como ex-produtora de bananas, Heloisa levantou outra bandeira há alguns anos. Sonha em ver a biomassa sendo produzida em escala industrial, para aplacar a fome de tantos que não têm o que comer. Inconformada com a situação do país, chegou até a publicar um manifesto intitulado *Fome no Brasil? Que heresia!...* Ela acredita que o Vale do Ribeira, uma das regiões mais pobres do Estado de São Paulo, poderia ser o embrião para cooperativas de plantadores que processassem a banana verde e a congelassem nos seus locais de produção para venda posterior. Se a sabedoria popular já chamava a banana de "engana fome", a biomassa de banana verde pode ser mais do que isso: uma importante aliada na democratização de uma alimentação nutritiva, farta e econômica.

ARNALDO LORENÇATO
Jornalista e crítico de gastronomia

A todos os que de alguma forma têm contribuído para erradicar deste país o estigma da desnutrição e da fome.

Agradecimentos

Na elaboração deste livro contamos com a colaboração amiga de uma série de pessoas que aposta na banana verde como uma fonte alimentar alternativa de suma importância no combate à fome e à desnutrição. Sem elas, teria sido mais difícil a nossa tarefa e menos conspícuo seu resultado. Portanto, gostaríamos de agradecer a Luiz Fernando Buffolo, coordenador do Disque Tecnologia da Universidade de São Paulo, pelo apoio, pelas explicações científicas sobre a banana verde, bem como pelas indicações bibliográficas e de *sites* sobre o tema. A Maria Cecília Braga pela cessão do título da música. Ao jornalista José Maria Manoel Filho, pela assistência constante. A Abel Cardoso Junior, Antônio Sérgio Ribeiro e José Ramos Tinhorão, pelas sugestões na área musical, quando pesquisávamos letras que se referiam à banana. A Malu Villas Boas, pelo levantamento iconográfico, e a Sebastião de Oliveira e Silva, da Empresa Brasileira de Pesquisas Agropecuárias (Embrapa), pelas imagens cedidas.

A Vladimir Sacchetta, nosso obrigado pela cooperação e pelos palpites sempre oportunos ao longo de todo o nosso trabalho, e a Joyce Santana, pela paciente e cuidadosa digitação dos manuscritos.

Por último, mas não com menos apreço, às nossas respectivas famílias, que, de uma maneira ou de outra, sempre estiveram por perto, com seu carinho e incentivo.

Apresentação

> A banana e farinha
> passo eu e a vizinha.
>
> Quadra popular anônima

Este livro resulta de uma feliz interseção entre passado e presente. Logo depois de publicar um livro sobre José de Freitas Valle – o mecenas que no início do século XX manteve um efervescente salão artístico-literário chamado Villa Kyrial, onde reunia artistas e intelectuais como Anita Malfatti, Victor Brecheret, Villa-Lobos, Lasar Segall, Mário e Oswald de Andrade, entre muitos outros – Heloisa e eu nos conhecemos de verdade. Ela, neta do meu personagem e uma cozinheira de mão-cheia. Eu, uma pesquisadora que acabava de recuperar um pedaço de nossa história recente.

Herdeira do talento culinário do avô, que fundou a primeira confraria gastronômica da cidade de São Paulo, oferecendo em faustosos banquetes pratos de sua autoria, Heloisa já vem, há algum tempo, cultivando a mania saudável de inventar os mais deliciosos quitutes feitos a partir da banana verde. Também a exemplo do seu ousado e inovador antepassado, desbravou um caminho muito pessoal no circuito das iguarias. Nas suas receitas doces e salgadas ela vem utilizando o fruto mais autenticamente brasileiro de maneira diferente. Extrapolando o âmbito dos tradicionais doces feitos com a fruta madura, criou uma pasta, que chama de "biomassa", a partir da polpa da banana verde, com a qual produz uma infinidade de pratos nutritivos e saborosos a custo baixíssimo. Sem medo de experimentar, ela também aproveita o coração da banana – aquela flor de onde saem os dedos que darão origem ao cacho –, transformando-o em deliciosos picadinhos, patês, molhos vinagrete.

Portanto, além de alternativa inédita e saudável, suas receitas com a banana verde cozida desempenham uma inestimável função social, apresentando soluções para minimizar a desnutrição entre as camadas mais pobres da população com gastos reduzidos.

Como acontece à maioria dos "inventores", tudo começou por acaso, ou melhor, com uma sopa. Ex-presidente da Cooperativa dos Bananicultores de Eldorado, no Vale do Ribeira, em São Paulo, há alguns anos ela chegou à sua fazenda após uma longa viagem e verificou que a casa havia sido assaltada. Levaram tudo, inclusive os mantimentos. A sede ficava num local isolado, distante alguns quilômetros da cidade mais próxima. Restava, portanto, comer o que estivesse à mão. Nas proximidades da sede, porém, ela só encontrou um cacho de banana, que, além de tudo, ainda estava verde. A agricultora não se deu por vencida e, como já vinha estudando as propriedades daquela fruta e a fome era grande, resolveu usar os conhecimentos em benefício próprio. Pegou a banana verde, lavou, cortou e ferveu. Separando a casca da polpa, fez um caldo no qual misturou alguns temperos. A sopa ficou uma delícia, a casca tinha consistência e sabor semelhante aos da vagem. Pronto, estava em pé o ovo de Colombo. Graças ao trinômio necessidade–intuição–ousadia, abria-se uma nova fase na vida de Heloisa, que, a partir daquele dia, não parou mais de pesquisar.

O referido incidente marcou o início da sua especialização. Enquanto se aperfeiçoava no preparo de novos pratos, divulgava as possibilidades e a versatilidade da banana verde. Com o apoio e o aval científico do Disque Tecnologia da USP, e da Universidade Federal de São Carlos, a partir de 1994 passou a desenvolver e difundir seu projeto, despertando interesse até em nível internacional. Eu não fui exceção. Seja como jornalista, historiadora, ou cidadã preocupada com os problemas de desnutrição e fome que afetam nosso país, também fiquei entusiasmada com seu trabalho. Formamos então uma parceria que resultou neste livro pioneiro. Por meio dele, queremos valorizar a banana, recuperando sua trajetória histórica e cultural, suas propriedades e presença na música e nas artes plásticas brasileiras, e popularizar uma matéria-prima barata, fácil de ser encontrada e muito nutritiva. E, se tudo isso ainda não bastasse, é preciso frisar que a banana verde pode ser incluída entre os alimentos funcionais – aqueles que, além de nutrir, ajudam na prevenção de inúmeras doenças. Ou seja, a proposta do uso da banana verde vem ao encontro das preocupações que norteiam este início de milênio, centradas na melhoria da qualidade de vida por meio de uma dieta balanceada e saudável, enquanto aponta para a necessidade de a indústria do setor adequar-se às novas tendências do mercado de alimentos.

MARCIA CAMARGOS

Quem não gosta de banana?

>A arte de agregar
valores nutricionais
reduzindo custos.

Desde pequeno, todo mundo come. E a grande maioria aprova. Da papinha para bebês aos sofisticados crepes flambados, passando pela marmita do trabalhador e complementando a mistura do arroz com feijão da classe média, ela está presente na mesa do brasileiro e da maioria dos povos desde tempos imemoriais, constituindo a quarta cultura mais importante do planeta. Fruta perfeita em vários sentidos, que se desenvolve o ano inteiro e amadurece aos poucos, facilitando a colheita, o armazenamento e o transporte, é prática, pois não dá trabalho para descascar, possui textura macia e não tem sementes. Levemente adocicada, cremosa, perfumada, nutritiva e versátil, é presença constante no cotidiano há tantos séculos, que nem parece merecer uma publicação especial como esta.

De fato, quase nada teríamos a acrescentar a esse universo tão explorado da banana, que já inspirou artistas e escritores e rendeu centenas de livros, milhares de receitas e, mais recentemente, dezenas de *sites* na internet, não fosse por um detalhe: aqui, estamos falando da banana completamente verde, antes de adquirir a coloração amarelada da fruta madura com que nos acostumamos. Um pormenor à primeira vista sem importância, mas que faz toda a diferença e muda os contornos dessa história. Se em países do Caribe, como Cuba, ela é consumida verde, cortada em fatias e frita como batatinha, se é utilizada no fabrico de cerveja na África central e entra no cardápio do Equador, cozida nos ensopados de milho e carne, bem como numa mescla de comidas dos indígenas peruanos, no Brasil ainda é uma novidade. Com exceção do famoso peixe azul preparado pelos caiçaras do litoral de São Paulo e cujo nome deriva da coloração conferida pelo tanino da banana, seu uso alimentar começou a ser pesquisado há relativamente poucos anos. Um dos alimentos básicos mais importantes do mundo, representando grande parte da nutrição diária de mais de 400 milhões de pessoas em mais de cem países, a banana é identificada com os trópicos, onde cresce em abundância. Graças à feliz combinação de sabor agradável, alto valor nutritivo e disponibilidade durante todas as estações do ano, é também uma das frutas mais procuradas no mundo inteiro. Sua saga, porém, remete-se à pré-história, quando já era consumida como legume, antes de amadurecer. Acredita-se que as bananeiras têm sido cultivadas desde os tempos mais remotos, quando a história começou a ser escrita. É tida, portanto, como a primeira cultura da humanidade, anterior à do trigo, da oliveira ou do arroz, remontando a mais de 8 mil anos e constituindo, em algumas partes do mundo, o alimento principal das populações.

De origem muito antiga, a banana vem sendo sistematizada pelos estudiosos de modo pouco uniforme, devido às suas inúmeras formas e variedades. Alguns autores consideram existir uma única espécie (*Musaceae paradisiaca*), com várias subespécies. Outros agrupam as bananeiras atuais em três categorias: *Musa cavendishii* (banana-nanica e afins), *Musa paradisiaca* (banana-da-terra ou banana-comprida e variedades próximas), e *Musa sapientum* (banana-prata e similares). Artigo publicado na revista *National Geographic*, datado de 1951, afirmava que o nome botânico da banana vem do latim *Musa sapientum*, significando "fruta dos homens sábios", justamente porque na Arábia os eruditos costumavam descansar à sua sombra. Os taxonomistas contemporâneos, no entanto, identificam a maioria das bananas como *Musa acuminata* e *Musa balbisiana* ou um híbrido de ambas.

É interessante notar que os ancestrais da "banana-sobremesa", aquela macia e gostosa que se come madura, teriam vindo do sudeste asiático e sido levados para o subcontinente indiano, onde cruzaram com as espécies selvagens, dando origem às pacovas ou bananas-da-terra, que os espanhóis chamam de "plátano". Em geral mais tolerantes à estiagem do que as bananas para consumo ao natural, estas são, porém, mais suscetíveis a pragas, apresentam lenta produção de brotos, baixa longevidade e, consequentemente, menor produtividade e rentabilidade. Embora sejam parecidas por fora, a pacova é menos doce e mais densa devido à menor porcentagem de água e maior reserva de carboidratos, sendo consumida ainda verde e necessariamente cozida. Como não se destina à exportação em larga escala, é aproveitada sobretudo pela população local nas áreas produtoras; pode ser vista no sul da Índia e na América tropical e constitui fonte de alimento tão importante quanto a mandioca, o milho ou o inhame em algumas das ilhas da Polinésia, no Caribe e em parte da África.

Não obstante o nome "banana" designe o fruto, é em geral empregado como sinônimo da própria bananeira, que apresenta também gêneros apenas ornamentais, como a helicônia, ravenala e *strelizia*. Elas não produzem frutos, mas soltam pencas de bicos-de-papagaio vermelhos ou alaranjados, sendo por isso largamente aproveitadas em projetos de jardinagem.

Alguns afirmam que *Musa*, derivada da família *Musaceae*, vem do árabe *mauzah*, do século XIII. Outros defendem a tese de que *muse* e *amuse* seriam os nomes árabes da banana, guardando semelhança com *muce*, como era chamada a fruta em Alexandria, no Egito. A palavra foi por isso usada em sua classificação por Carlos Linneu, o célebre naturalista sueco que, entre 1735 e 1771, lançaria os fundamentos da moderna botânica descritiva, com a aplicação pioneira da nomenclatura binária, introduzindo a divisão por espécie, gênero, ordem e classe de cada planta sistematizada. Os franceses continuaram a chamar a *Musa paradisiaca* de *figuier d'Adam* (figueira-de-adão) e a *Musa sapientum*, nutriz dos sábios, de *bananier des sages* (bananeira dos sábios).

Já a etimologia do termo na língua portuguesa não tem uma explicação consensual. Para uns, a palavra é originária da Guiné africana, adotada do dialeto mandinga, que chama a fruta de *bana*, *bananda* e *banana*. Câmara Cascudo afirma que o vocábulo é congolês, pois à margem direita do Zaire, ex-Congo Belga, estão a vila e o porto da Banana. Isso tornaria a África oeste, na opinião do folclorista, o berço do nome. Em seu livro *História da alimentação no Brasil*, entretanto, ele observa que no Congo a bananeira era chamada de *quibuaquitiba*, e o fruto, *quianbaca* ou *quitiba*, de acordo com registros do naturalista alemão Georg Maargraf em *Historia naturalis brasiliae*, com base em sua experiência como integrante da equipe que começou a trabalhar no primeiro observatório astronômico do novo continente, instalado por Maurício de Nassau em 1639.[1] Outros, porém, julgam a palavra oriunda do galibi, língua ameríndia da família caribe, falada no extremo norte do Amapá. O mais certo, contudo, é que o nome da fruta derive de *banan*, que em árabe significa "dedo".

---

[1] Câmara Cascudo, *História da alimentação no Brasil*, vol. I (São Paulo: Nacional, 1967), p. 290.

Exigindo clima quente e úmido, de tipo equatorial atenuado, com precipitações bem-distribuídas para seu bom desenvolvimento, a bananeira não suporta terrenos encharcados nem arenosos. Cresce com extraordinária rapidez em áreas de grande insolação, solo rico em matéria orgânica, bem drenado e com boa capacidade de retenção de água. Ao contrário do que muitos pensam, não é uma árvore, mas uma erva, definida como planta não lenhosa cujas partes aéreas vivem menos de um ano, ou um tipo de cobertura gigante da mesma família dos lírios, das orquídeas e das palmas. Em vez de madeira, seu falso tronco é formado por camadas sucessivas de folhas sobrepostas, constituindo um conjunto rígido, mas facilmente cortado com uma faca. O caule verdadeiro, o rizoma, é subterrâneo e solta o primeiro talo, ou broto, em três ou quatro semanas após o plantio.

Nove a dez meses depois, adquire uma folhagem brilhante cujo diâmetro pode alcançar até 7 m e produz um botão – o coração –, que no quinto dia se torna vermelho e começa a abrir. No sétimo, as folhas que o cobrem vão caindo e, passados mais dois dias, já se veem os primeiros dedos da banana. Na verdade flores polinizadas no coração da bananeira, esses dedos vão brotando entre as pequenas folhas arroxeadas. Enfim, em um ano, na média, a fruta está em condições de ser consumida, rendendo colheitas sucessivas por várias décadas.

Perene, que não demanda replantio e requer pouca manutenção, a bananeira chega a produzir por até cinquenta anos em terrenos muito férteis. Cada pseudocaule só dá frutos uma única vez e morre em seguida, devendo ser cortado imediatamente após a colheita para fortificar o rizoma, que fornecerá novos brotos. Como retira grandes quantidades de nutrientes da terra, a bananeira exige adubação abundante e produz melhor se forem observadas as práticas de capina regular, desbaste do excesso de rebentos, retirada das folhas secas e quebradas, escoramento com bambu, para evitar que o peso do cacho derrube o pé, eliminação do coração quando a última "mão" verdadeira apresentar os dedos voltados para cima.

Nos cultivos para exportação, recomenda-se o ensacamento do cacho duas semanas após seu aparecimento, aumentando, assim, a velocidade de crescimento dos frutos e evitando o ataque de pragas e insetos, como a abelha arapuá, além de atenuar os estragos causados pelo manuseio inadequado. Nas megaplantações da América Central, graças aos modernos processos automatizados, por meio de cabos aéreos, como teleféricos, que percorrem toda a extensão do bananal e levam nos seus ganchos os cachos, à medida que vão sendo cortados.

A produção em larga escala também exige fumigação intensa, feita direto no "caule" cortado, deixando que os elementos químicos penetrem junto com a seiva que irá alimentar o fruto. Essa pulverização sistêmica, e não de contato como nas demais frutas que recebem o remédio na casca, pode, segundo alguns, ser prejudicial à saúde, mas é fundamental na prevenção de doenças e pragas como a sigatoka negra e sigatoka amarela, murcha bacteriana, podridão-mole, mal-do-panamá, mosaico e estrias-da-bananeira, broca do rizoma, tripes da flor, tripes da ferrugem dos frutos e traça-da-bananeira.

Propagando-se vegetativamente, as mudas da bananeira são obtidas a partir da reprodução natural de brotos do rizoma. O período mais favorável ao plantio é o final da época chuvosa, já que sua necessidade de água diminui após os três meses iniciais, ao passo que, sob irrigação, pode ser plantada em qualquer época do ano em fileiras duplas, cujo espaçamento entre um pé e outro vai depender do tipo cultivado.

Com sementes frágeis e pequenas, de difícil proliferação, a banana é comumente plantada por meio de bulbos, ou mudas, que se alastram pelo subsolo e se reproduzem indefinidamente, como o bambu, a cana e outras gramíneas. As frutas cultivadas não possuem sementes, desenvolvendo-se sem polinização, por meio de um processo denominado "partenocarpia".

As sementes, portanto, são utilizadas apenas em testes genéticos, nos cruzamentos monitorados visando à melhoria da qualidade e da resistência a pragas e outros predadores. Conduzidas, no Brasil, pela Embrapa, as pesquisas apresentam os primeiros resultados. Depois de dez anos de estudos, o órgão acaba de lançar a variedade denominada "pioneira", resistente à principal doença da fruta no Brasil, a sigatoka amarela, que chega a acarretar 50% de perdas na produção. Responsável por infecções nas folhas novas, causando lesões que, ao impedir a fotossíntese, afetam o desenvolvimento dos frutos, levando-os a perder o valor comercial, a sigatoka demanda cerca de dez pulverizações aéreas por ano. Além de maior resistência, que significa um grande avanço nas perspectivas da produtividade nacional, a nova variedade ainda permite um aumento de 10% a 20% no tamanho e no peso do fruto. Seu porte, de baixo a médio, evita que a planta tombe e facilita a produção, gerando frutos três meses antes da prata-anã, da qual a banana pioneira procede, após sucessivos cruzamentos.

As sementes também são manipuladas pela Rede Internacional para a Melhoria da Banana e do Plátano (International Network for the Improvement of Banana and Plantain – Inibap), criada em 1985. Com sede em Montpellier, na França, e quatro escritórios regionais em cada uma das principais regiões produtoras, que incluem América Latina e Caribe, Ásia e Pacífico, África oriental e do Sul e África ocidental e central, surgiu para enfrentar a sigatoka negra, doença provocada por fungo extremamente destrutivo, que estava se propagando com rapidez pela África e América Latina em meados da década de 1980.

Cada bananeira dá apenas um cacho de fruta, que consiste de dez a catorze pencas com dezoito a vinte bananas cada uma, pesando de 5 kg a 40 kg, dependendo da variedade. A safra se estende de outubro a abril, mas a colheita pode se dar em diversas etapas de desenvolvimento dos frutos, segundo a distância do mercado consumidor ou a finalidade a que se destina. De modo geral, as bananas são colhidas tanto mais cedo quanto maior for o tempo necessário para ser transportadas do local de cultivo ao mercado consumidor e quanto mais quente for a estação do ano.

Classificada como fruto muito perecível, cuja longevidade sob refrigeração não vai além de três semanas, tanto para frutos maduros como "verde-maduros" (ou "de vez", isto é, quase maduros), fica vulnerável a danos durante a armazenagem sob temperaturas muito baixas. Sua conservação pode ser aumentada para até quatro meses em atmosfera controlada e modificada, usada sobretudo para a fruta destinada à exportação.

Para uso doméstico, porém, seu corte dá largada à corrida contra o tempo. É preciso fazê-la chegar ao destino final ainda verde, antes de o hormônio etileno dar início ao processo de amadurecimento. As pencas são removidas, lavadas, cortadas em peças menores e empacotadas em caixas de papelão de cerca de 18 kg cada uma. E, da colheita até o distribuidor no varejo, não podem transcorrer mais do que vinte dias.

Até algum tempo atrás, as bananas eram transportadas em cachos, nos contêineres dos navios. Chegando a terra firme, seguiam viagem de trem, em vagões que acomodavam de seiscentos a setecentos cachos cada um, para então serem armazenadas em ambientes com temperatura controlada, para amadurecer gradualmente. Nos dias de hoje, o transporte é feito por meio de navios especiais refrigerados, que levam até 250 mil caixas de bananas colhidas no dia anterior na zona produtora, e a travessia em geral dura de onze a quinze dias. Como no passado, entretanto, elas ainda são armazenadas, por seis a oito dias, em locais fechados hermeticamente, a uma temperatura de 14,5 ºC, o que permite o amadurecimento homogêneo de todas as frutas de diferentes tamanhos. As marcas preferidas pelos importadores são a Chiquita, a Bonita e a Fyffes. A primeira vem de Honduras, do Panamá, da Costa Rica e da Colômbia. A Bonita, produzida no Equador, é a mais barata e menos divulgada comercialmente. A última, cultivada desde 1888, é a mais antiga e sai das plantações de Belize, da Colômbia, de Honduras, do Suriname, da Jamaica e ilhas adjacentes.

Para consumo imediato, a banana deve ser amarela, com pequenas manchas marrons, firme e sem rachaduras ou sinais verdes. Pode ser consumida ao natural, em saladas de frutas, bolos, tortas, vitaminas, sorvetes ou como acompanhamento de pratos à base de peixes, aves etc. Na alimentação dos bebês, fica saborosa quando amassada e misturada com aveia ou biscoito ralado. Na temperatura ambiente, a banana madura conserva-se por cinco dias. Dela também podem ser obtidos diversos produtos desidratados, cujas características dependem do estágio de maturação e da técnica de secagem ou desidratação utilizada. Entre os de maior importância estão as farinhas, a banana seca ou banana-passa, flocos, pó ou granulado.

A farinha de banana verde integral ou a polpa, usada para fazer sopa ou mingau, é indicada para convalescentes e dispépticos, bem como para a alimentação infantil, entrando como fonte energética e de excelentes propriedades medicinais, principalmente nos casos de infecções gastrintestinais. A farinha é obtida através do processo industrial.

Composição da banana (100 g)

umidade (água): 75 g
proteína: 1,2 g
hidratos de carbono: 20,8 g
lipídios: 0,2 g
fibra: 2 g
sais minerais: 0,8 g
PH: 4,9
cálcio: 0,003 mg
magnésio: 0,005 mg
potássio: 396 mg
sódio: 1,5 mg
fósforo: 30 mg
ferro: 0,02 mg

Fonte: S. Walter Souci et al., *Food Composition and Nutrition Tables* (Medpharm GmbH Scientific Publishers: Stuttgart, 1991).

Origens e história

Identificada com as Américas, a banana tem, no entanto, suas raízes remotas fincadas na Ásia, mais especificamente na Índia, onde adquiriu diversas denominações em sânscrito e entrou para a mitologia. Conhecida na China desde a Antiguidade, espalhou-se para as ilhas do Pacífico e a costa leste da África, de onde os povos de língua banto a disseminaram por todo o continente.

De acordo com crenças do Sri Lanka e dos botânicos europeus do século XVII, foi a banana que a serpente usou para tentar Adão e Eva no Paraíso. Depois, reza a lenda, teriam utilizado suas folhas para cobrir as "vergonhas", em lugar das folhas de figo como aparece na maioria das pinturas e desenhos retratando o Jardim do Éden. Não por acaso, em língua crioula a banana é chamada de *fig* nas regiões onde cresce, e o termo *banane* ficou restrito somente à nativa pacova, que já crescia no Novo Mundo antes da chegada dos europeus.

No seu *Tratado descritivo do Brasil em 1587*, Gabriel Soares de Sousa revela que "pacoba é uma fruta natural desta terra". Ele diz que na Índia chamam a essas pacobeiras "figueiras", e aos frutos, "figos", distinguindo o nome daquelas que "foram ao Brasil de São Tomé, aonde ao seu fruto chamam bananas e na Índia chamam a estes figos de horta".[2] Antes dele, em 1563, Garcia de Orta, médico e naturalista judeu, nascido em Portugal e formado em Salamanca, professor de filosofia natural na Universidade de Lisboa e físico do rei, registrou que esse figo da Índia era a mesma banana da Guiné, comum no Hindustão, crescendo até o Cabo Verde e também na Nova Espanha e no Brasil. Era também conhecida por figo em Moçambique no fim do século XVIII, segundo Câmara Cascudo, que assim contribui para firmar a versão da banana como o "fruto proibido". Se essa teoria não está "cientificamente" comprovada, sabemos, porém, que a banana é uma das plantas mais antigas cultivadas no planeta. Há mais de 2 mil anos, em 200 a.C., o historiador Yang Fu descreveu bananais que floresciam na China.

Menções ao fruto são encontradas nos escritos do budista Páli, século VI a.C., e em *Mahabharata* e *Ramayana*, poemas épicos indianos. Por essa razão, a Ásia Menor é geralmente tida como o berço da banana, embora, pela variedade de espécies e de nomes utilizados para designar o fruto nessa área, alguns historiadores digam que ela se originou das selvas das ilhas do sudeste asiático, nas atuais Malásia e Indonésia.

---

[2] Gabriel Soares de Sousa, *Tratado descritivo do Brasil em 1587*, Coleção Brasiliana, vol. 117 (São Paulo: Nacional, 1938), pp. 188-189.

Por volta do ano 650 d.C., quando chegaram ao Egito e à Palestina, os guerreiros islâmicos levaram consigo bananas. De lá, os muçulmanos e os comerciantes árabes de marfim disseminaram a espécie por toda a África, através do continente negro até a costa da Guiné. Valioso alimento para ser consumido durante as longas viagens das caravanas, logo começaram a plantá-la no litoral do Atlântico. Seu cultivo, porém, teve início na própria terra de origem, as úmidas selvas da Índia e a península da Indochina.

Na África, pesquisas sugerem que o impacto da banana foi maior que o da metalurgia. Os grandes aumentos de população, dizem, deram-se nas áreas bananeiras, justamente pelo fato de as plantas crescerem facilmente em diversos hábitats e apresentarem maior produtividade do que outras frutas, raízes e leguminosas. Notícias sobre as culturas nesse continente aparecem pela primeira vez nas crônicas de viagem de Garcia de Orta, de 1563, que, entre outros, escreveu *Colóquios dos simples* e *Drogas e coisas medicinais da Índia*, autêntica enciclopédia médico-botânica que também continha informações etnológicas e etnográficas sobre o Oriente. As bananas aparecem ainda na *Reportagem sobre o reino do Congo*, escrita em 1591 por Filippo Pigafetta, viajante e historiador italiano, cavaleiro da Ordem de Malta que visitou o Egito e a Síria.

A tradição também conta que Alexandre, o Grande, celebrado rei da Macedônia, comeu e apreciou as bananas durante sua campanha na Índia no ano de 327 a.C., citando a fruta como *pala*, denominação que persiste até hoje em Malabar. Já em sua *História natural*, escrita no primeiro século de nossa era, Plínio, o Velho (23-79 d.C.), fala de uma figueira cujo fruto, a que chama de *ariena*, nutria os sábios entre os sidracas, antigo povo da Índia. Para Plínio, porém, a bananeira era uma árvore exótica, proveniente do

Oriente. O naturalista romano desconhecia a composição química da banana, mas observou seu efeito benéfico sobre a atividade mental.

Como bons agricultores, os árabes cultivaram a banana quando ocuparam as ilhas Canárias, berço das grandes plantações que fornecem a fruta para grande parte da Europa. Uma façanha mais do que notável, se levarmos em conta o fato de que a banana não se dissemina de forma simples, por sementes. Para iniciar um cultivo, é preciso transportar grandes e pesados pedaços de rizoma, que se convertem em mudas.

Cristóvão Colombo não viu bananeiras na América. Hernández de Oviedo y Valdés, historiador e político espanhol, governador de Cartagena, que cruzou doze vezes o oceano em direção ao Novo Mundo, não as registrou no México, onde recenseou os produtos locais, mas em 1506 as relacionou na ilha de São Tomé, chamadas então de *avalaneiras* ou *abellanas*, identificadas pelo conde de Ficalho.

Não há vestígio da imagem da banana na cerâmica andina, que reproduz os frutos conhecidos pelos nativos. No entanto, seguindo a rota das Índias durante o período das grandes descobertas marítimas, as bananas que vieram da África e do Oriente Médio seriam levadas para a América Central também pelos comerciantes e missionários espanhóis e portugueses. A planta, entretanto, só conquistou o planeta quando frei Tomás de Berlanga, no início do século XVI, decidiu levar alguns rizomas das Canárias para o Novo Mundo. Último bispo do Panamá, descobridor das ilhas Galápagos, o monge franciscano largamente viajado, plantou a fruta na ilha de São Domingo no ano de 1516, com o objetivo de disponibilizar um novo alimento popular para os nativos. Naquele solo rico e fértil dos trópicos, a banana difundiu-se rapidamente pelas outras ilhas do Caribe, bem como pelas Américas Central e do Sul, abrindo caminho para as extensas áreas de plantio existentes na região e dando origem a enormes fortunas e a acirradas disputas entre os comerciantes dessas que, séculos depois, ficariam conhecidas como "repúblicas das bananas".

Já na América do Norte, as bananas entraram primeiramente de forma improvisada, pelas mãos de marinheiros que traziam consigo algumas mudas apenas como curiosidade e sem objetivos comerciais. Sua chegada oficial deu-se em 1876, numa feira na Filadélfia. No final dos anos 1870, porém, com a invenção do telégrafo e o desenvolvimento das estradas de ferro da América Central, a indústria bananeira finalmente se materializou.

Contando com mais de duzentas variedades do Caribe à África, do México à América do Sul, o cultivo da banana ganharia alento renovado graças aos esforços de Jean Pouyat, da Martinica, mas foi pioneiramente produzida em larga escala na Jamaica e, em seguida, na Costa Rica.

No Brasil, são conhecidas cerca de trinta espécies, consumidas em sua maioria internamente. Com exceção da ilha da Madeira, que abastece, sobretudo, Portugal e produz diferentes espécies, a nanica é a mais cultivada no mundo inteiro devido ao caule baixo, que a torna menos suscetível aos ventos fortes que não raro assolam as regiões produtoras. Também conhecida no Brasil como banana-d'água, anã, caturra, cambota e banana-da-china, a popular nanica, número um dentre todas as espécies comercializadas, é chamada de *dwarf cavendish* em língua inglesa.

Na costa leste da África, nada da bananeira é desperdiçado. Quando verde, a ponta do cacho cortada fornece líquido suficiente para matar a sede ou lavar as mãos. O coração, que tem sabor semelhante ao do pepino, é consumido como alimento e, quando deixado secar ao sol, é empregado como combustível. A folha da banana pode ser convertida em pratos, garfos e, ressecadas, substituem a palha para cobrir choças. Bastante fibrosa, é muito utilizada na confecção de cordas e barbantes. Também serve como teto de abrigos provisórios, embalagem improvisada, atadura de emergência e mesmo para o fabrico de certo tipo de papel. No líquido acumulado entre as folhas e o caule, a gente simples encontra alívio para picadas de aranhas, vespas, escorpiões e até de cobra. Com a fruta em si fazem vinho, açúcar, vinagre e pão. Também a consomem como legume, e a flor da bananeira é transformada em pó e misturada ao rapé.

Como não precisa ser transplantada, crescendo do seu próprio tronco subterrâneo, em certas partes do interior do continente africano, durante longos meses do ano, vive-se exclusivamente da banana assada, cozida ou seca, como no passado. Era tão presente no dia a dia da família africana, que os colonizadores brancos chamavam os negros do Congo de *moteurs à banane*, ou seja, "motores movidos a banana". Também na mesma região, conta-se que a fruta manteve o corpanzil do explorador inglês Henry Morton Stanley e de seus setecentos homens durante cinco meses, na densa selva congolesa, quando chefiava uma expedição de busca do famoso paxá Emin, Stanley foi de Zanzibar até o lago Alberto Nyanza, na nascente do rio Nilo, combatendo homens e mosquitos implacáveis por volta de 1887.

Algumas tribos da África Central acreditam haver relação direta entre a fertilidade humana e a produtividade do bananal. De acordo com esse princípio, a mulher estéril é expulsa da aldeia, ao passo que a mãe de gêmeos merece presentes e honrarias. Logo após o nascimento dos filhos, os aldeões protagonizam uma cerimônia com o objetivo de transmitir a virtude reprodutiva do casal às plantações.

Como na África e na Índia a banana resolve um sem-número de necessidades, oferecendo alimento, conforto e servindo como abrigo e material de construção, ela faz parte dos rituais centrados na fertilidade e na capacidade da mulher como guardiã dos costumes e geradora de vida. Plantada em áreas consideradas sagradas na Índia, integra os ritos de passagem da menina para a idade adulta em regiões da Uganda. Assim, a identificação fálica que nos parece tão natural em relação à banana, associada ao órgão sexual masculino e usada em tom de deboche, surgiu mais recentemente no Ocidente, pois nos seus berços tratam-na com respeito e reverência – tanto que, dedicada a uma das formas da deusa Kali, na Índia ela é venerada no terceiro dia do mês.

Se sua coloração evoca os dias ensolarados das ilhas tropicais, a banana também está ligada à violência. O termo "república de bananas", que data de 1935, refere-se à ditadura corrupta de um país marionete de poderes mais fortes. Ele cristalizou-se devido ao papel dos Estados Unidos, que, por meio das companhias de frutas norte-americanas, operam os cartéis na América Central, fazendo e desfazendo governos de acordo com seus interesses comerciais.

Exportação de banana (em toneladas métricas)

ÁFRICA

Total	418 925
Costa do Marfim	243 032
Camarões	138 100
Somália	16 000
Gana	12 563
Zimbábue	3 518
Suazilândia	2 361
Uganda	1 623
África do Sul	556
Etiópia	497
Guiné	422
República Democrática do Congo	90
Botsuana	43
República do Congo	35
Nigéria	31
Sudão	26
Quênia	16
Mauritânia	12

ÁSIA E PACÍFICO

Total	1 710 138
Filipinas	1 599 920
China	50 248
Malásia	31 700
Índia	8 629
Tailândia	7 544
China (Hong Kong)	4 574
Vietnã	4 515
Indonésia	2 106
Paquistão	605
Samoa	240
Cingapura	45
Austrália	9
Sri Lanka	3

AMÉRICA LATINA E CARIBE

Total	10 041 367
Equador	4 095 191
Costa Rica	2 113 652
Colômbia	1 710 949
Guatemala	857 164
Panamá	489 805
Honduras	183 400
México	81 044
Santa Lúcia	72 795
Brasil	72 468
Belize	64 400
República Dominicana	62 429
Nicarágua	44 402
São Vicente/Granadinas	43 810
Jamaica	40 900
Suriname	34 000
Venezuela	33 543
Dominica	29 810
Bolívia	9 377
Peru	856
Granada	707
Argentina	412
Trinidad e Tobago	87
El Salvador	72
Paraguai	66
Chile	18
Guiana	10

ORIENTE PRÓXIMO

Total	64 059
Emirados Árabes	35 000
Iêmen	19 810
Faixa de Gaza	5 000
Arábia Saudita	2 000
Líbano	669
Omã	647
Coreia	505
Kuwait	226
Israel	180
Turquia	21
Chipre	1

Fonte: Organização das Nações Unidas para Alimentação e Agricultura (FAO), Roma, 2000.

O que é que a banana tem?

> Ambos (*pacova* e *banana*) geram flatos, refrescam moderadamente e despertam o ardor sexual adormecido. São de pouco alimento, com melhor recreação para o peito do que para o estômago. Assadas, são úteis aos biliosos; o mesmo não sucede aos pituitosos. Assadas ainda não maduras, são boas contra as diarreias,[3]

garantia o médico e naturalista Guilherme Piso referindo-se à espécie nativa (*Musa paradisiaca*) e àquela introduzida pelos portugueses (*Musa sapientum*). Tendo residido em Pernambuco de 1634 a 1644, durante a ocupação holandesa, o cientista formado na França ajudou a fixar, no imaginário europeu, as qualidades afrodisíacas e medicinais da fruta. E não é só. Desde então, esse alimento funcional, que ajuda a curar e prevenir males físicos e psicológicos, tem contribuído para manter seus consumidores longe do médico.

Contendo sua caloria concentrada na polpa, principalmente sob a forma de sacarose, glicose, frutose e amido, que o corpo converterá em energia, a banana supera a pera, a cereja, o pêssego ou a maçã em teor de proteínas e lipídios. Comparada com a maçã, possui quatro vezes mais proteínas, duas vezes mais carboidratos, três vezes mais fósforo, cinco vezes mais vitamina A e ferro e o dobro das outras vitaminas. Contém ainda vitaminas C, D e E, bem como razoáveis quantidades de vitaminas B1 e B2, além de potássio e fósforo. Tem propriedades medicinais constantemente recomendadas em tratamentos de colite, cálculos biliares e problemas de intestino e estômago.

Fonte de potássio, importante mineral que atua no equilíbrio de líquidos e do sódio do organismo, a banana ajuda

---

[3] Guilherme Piso, *História natural e médica da Índia Ocidental*. Trad. Mário Lobo Leal (Rio de Janeiro: Instituto Nacional do Livro, 1957).

nas contrações musculares e a evitar câimbras. Sua ingestão reduz a incidência de derrame e das doenças relacionadas à pressão sanguínea, como a hipertensão e o acidente vascular cerebral (AVC). O órgão normativo de drogas e alimentos dos Estados Unidos, Federal Drugs Administration (FDA), autoriza que esses benefícios constem do rótulo da fruta e de seus produtos derivados, nos seguintes termos: "Dietas contendo alimentos que representam bons mananciais de potássio e pobres em sódio podem reduzir os riscos relacionados à pressão sanguínea e de derrame". Quer dizer, agora ficou definitivamente confirmada a relação direta de saúde entre o consumo de banana, ingestão de potássio e pressão sanguínea baixa.

Por isso, para recuperar as energias, não há nada melhor do que a banana, cujo consumo ajuda, e muito, em qualquer trabalho extenuante, constituindo um excelente "combustível". Como fonte natural de energia – ao contrário do açúcar refinado, outra contribuição dos árabes para a dieta ocidental –, contém, em proporções quase ideais, diversos carboidratos, cuja combinação tem a propriedade de produzir gradualmente seus efeitos benéficos.

Considerada um anabolizante natural, não é de surpreender que se tenha tornado a fruta número um entre os principais atletas do mundo, incluindo o campeão mundial de tênis Gustavo Kuerten, inúmeras vezes flagrado pela imprensa comendo banana para repor carboidratos. Uma banana média de 114 g apresenta elevada concentração de carboidratos (cerca de 25 g), além de potássio (452 mg), entre outros nutrientes.

Além de fornecer energia, ela também pode ajudar a superar ou prevenir um número substancial de doenças e manter o bom condicionamento físico, sendo, portanto, aconselhável que se transforme num produto diário da dieta de cada um, especialmente entre crianças e idosos. Excelente opção de sobremesa ao natural, com mel e aveia, granola, leite e cereal ou em saladas de frutas, suas calorias variam de um tipo para outro. Confira:

Banana-da-terra: 100 kcal/unidade média
Banana-maçã: 72 kcal/ unidade média
Banana-nanica: 87 kcal/unidade média
Banana-ouro: 42 kcal/unidade média
Banana-prata: 55 kcal/unidade média

A banana é apreciada nos mais distantes pontos do planeta, ocupando o primeiro lugar entre as plantas alimentícias tropicais. Remédio natural, sua polpa é particularmente eficaz nas diarreias infantis graves, sendo recomendada em casos específicos, como:

- **Pressão sanguínea**: a grande quantidade de potássio e pouco sal faz da banana um alimento ideal no combate à pressão alta, diminuindo a incidência de enfartes. De acordo com algumas pesquisas, comer banana regularmente ajuda a reduzir o risco de ataques cardíacos. Uma banana média – daquelas conhecidas como banana-prata ou banana-branca –, com cerca de 115 g, fornece um terço das necessidades diárias de potássio.
- **No cérebro**: pesquisas mostraram que essa fruta tão rica em potássio pode auxiliar no aprendizado, tornando os estudantes mais alertas.
- **Prisão de ventre**: rica em fibra, a banana ajuda a restaurar e normalizar a ação do intestino, dispensando o uso de laxantes.
- **Depressão**: como a banana contém tripotofano, um tipo de proteína que o corpo converte em serotonina, proporciona relaxamento, melhora o humor e o bem-estar, auxiliando a minimizar os efeitos do estresse e dificultar que a depressão se instale.
- **Ressaca**: uma das maneiras mais fáceis de curar o problema é tomando uma vitamina de banana adoçada com mel. Acalma o estômago, enquanto o mel ajuda a elevar o nível de glicose do sangue. Já o leite acalma e hidrata o organismo.
- **Estado de alerta saudável**: uma banana no lanche da tarde, entre as refeições principais, ajuda a manter a pressão normal, evitando sonolência por baixa de glicose no sangue.
- **Câimbras**: comum entre os atletas, essas dolorosas contrações espasmódicas dos

músculos podem ser atenuadas com banana, devido à grande quantidade de potássio, que mantém o equilíbrio hidroeletrolítico do organismo. O magnésio, também presente em elevada porcentagem, é parte essencial da molécula de diversos reguladores metabólicos, mais conhecidos como enzimas.

Picada de mosquito e queimaduras leves: deve ser colocada, na área afetada, a parte interna de uma casca de banana fresca e em boas condições. A casca deve ser presa ao ferimento sem, contudo, apertá-lo. Renove o curativo a cada duas ou três horas. É surpreendente como ela consegue reduzir o inchaço e a irritação.

Tensão pré-menstrual: presentes na banana, as vitaminas B e C vão regular o nível de açúcar do sangue, suavizando os sintomas da tensão. A fruta deve ser consumida diariamente nos dez dias que antecedem a menstruação.

Tabagismo: as bananas são recomendadas às pessoas que estão tentando parar de fumar, porque seus altos níveis de vitaminas C, A1, B6 e B12, junto com o potássio e o magnésio, ajudam o organismo a recuperar-se dos efeitos da ausência da nicotina.

Estresse: o potássio é vital na normalização das batidas cardíacas, que fazem com que o oxigênio chegue ao cérebro, e regula o equilíbrio da água no corpo. Quando estressados, nosso metabolismo reduz os níveis de potássio, que podem ser restaurados com um rápido lanche de banana, que contém um alto nível desse elemento.

Verrugas: deve-se fixar um pedaço da parte interna da casca da banana com esparadrapo sobre a verruga e trocar o curativo regularmente. Ao final de alguns dias, a verruga terá sumido.

Reposição de potássio: pacientes que usam diuréticos para combater a pressão alta são aconselhados a comer de duas a três bananas por dia, para ajudar a repor o potássio eliminado na urina.

Úlcera: segundo uma pesquisa na Austrália, a banana tem uma função protetora em si. A fruta é capaz de estimular a reprodução das células da parede estomacal, deixando-a mais grossa e forte, ajudando, desse modo, a frear a formação da úlcera.

De fruta exótica a importante produto comercial

Ideal para levar às regiões mais frias e temperadas do globo a energia e as vitaminas dos trópicos, a banana é consumível ao longo do ano todo, ao contrário de outros vegetais e frutas sazonais, só disponíveis em determinadas épocas.

Com 85% da produção mundial destinada ao consumo familiar, sem passar por processos industriais, a fruta verde contém uma fécula dura, só digerível após o cozimento. Naturalmente ou em câmaras de maturação, essa fécula (amido) transforma-se em açúcares (sacarose, glicose e frutose), a polpa torna-se macia e a casca adquire sua característica cor dourada. Pelos quase quatro séculos em que os nativos da América Latina a cultivaram, entretanto, a banana permaneceu virtualmente desconhecida no oeste da Europa e na América do Norte até cerca de 1866.

Pelo informe dos viajantes, sabia-se, no hemisfério norte, da existência de uma fruta amarela e doce que amadurecia depressa e, portanto, não suportava longas jornadas. Não existia, no século XIX, transporte rápido o suficiente para levar as bananas das plantações aos portos de embarque, nem navios velozes para levá-las aos continentes longínquos sem nenhum sistema de refrigeração.

Por volta de 1870, a primeira linha férrea foi construída através da selva da América Central, para possibilitar o transporte dessa fruta tão valiosa o mais depressa possível. Ao mesmo tempo, áreas antes impenetráveis eram transformadas em terras produtivas para seu plantio. Muitos trens com banana ainda passam pelas antigas rotas, embora sofram a concorrência dos modernos caminhões refrigerados que rodam por estradas especialmente construídas. Em 1903, o primeiro navio refrigerado, batizado de Vênus, foi lançado ao mar, inaugurando uma nova era no tráfego oceânico. Os contínuos avanços tecnológicos e a melhoria dos meios de transporte foram cruciais para disseminar pelo mundo inteiro o comércio da banana.

Habituados a vê-la em toda parte, somos levados a acreditar que a banana está disponível a qualquer momento, mas nem sempre foi assim. Os alemães só tomaram conhecimento dela após 1892. Iguaria das elites, chegou à mesa dos menos ricos por volta de 1900, quando as importações do Caribe tomaram fôlego. E a antiga Alemanha Oriental tomou-se de paixão pela fruta, que identificava com o almejado estilo de vida ocidental. Seduzidos pela noção de que "não existe pecado debaixo do equador", para eles a banana simbolizava sol, diversão, sexo livre, abundância e alegria, prazeres acessíveis aos compatriotas nascidos no "lado livre" do Muro de Berlim. Hoje, a banana ocupa o segundo lugar, logo atrás da maçã, entre as frutas mais consumidas não só na Alemanha unificada, como nos demais países industrializados.

Entre os últimos a chegar ao Novo Mundo, os ingleses levaram rizomas de banana de São Domingos, sob domínio espanhol, para sua colônia de pioneiros de Roanoke, na Virgínia. Quando o comerciante Thomas Johnson pendurou um cacho de bananas, trazido das Bermudas, para amadurecer na sua loja de Holborn, em 1633, os londrinos paravam, maravilhados, para admirar de perto aquela fruta exótica.

Conta-se também que, durante a Segunda Guerra Mundial, o primeiro-ministro britânico, Winston Churchill, requisitou todos os navios bananeiros para reforçar a frota bélica. A população viu-se obrigada a conformar-se com as frutas que cresciam na própria Inglaterra, e a rara banana tornou-se apanágio de poucos e ricos, sumindo da dieta dos trabalhadores. Ocorre que, selada a paz, milhões de crianças não haviam jamais visto e muito menos experimentado uma banana. Daí a natural desconfiança quando ela voltou a ser comercializada em 1945. Para os pequenos súditos da rainha, aquela fruta esquisita era diferente de tudo a que estavam acostumados. Para vencer o preconceito, o governo criou o Dia da Banana, distribuindo-a de graça a milhares de jovens e crianças. Depois de oito anos sem ter nem um exemplar dentro do país, tiveram de recorrer a essa campanha, a fim de recuperar a imagem da fruta de que todo mundo gostava tanto. Deu certo. Hoje, no começo do século XXI, é a mais popular em toda a Grã-Bretanha. Seu consumo cresceu mais rápido que o de qualquer outra fruta, superando o marco dos 150%.

Nos dias correntes, ali se comem mais de 140 milhões de bananas a cada semana, perfazendo um total de mais de 7 bilhões a cada ano. Para se ter uma ideia de sua popularidade, o treinador do time de futebol de Manchester falou que os jogadores comem uma espécie de geleia de banana no sanduíche antes de cada jogo. Na Grã-Bretanha existe até mesmo um fã-clube da banana, que teve como membro um antigo ministro da Defesa, *Sir* Geoffrey Johnson Smith.

Já os norte-americanos experimentaram bananas pela primeira vez em 1876, na Feira da Filadélfia, que celebrava o centenário da independência do país. Bananas embrulhadas em papel-alumínio foram vendidas a visitantes surpresos por US$0,10 a unidade, o equivalente, na época, ao preço de um litro de leite. A partir daí, a banana foi se transformando num produto vendável, seguindo o rápido desenvolvimento industrial dos Estados Unidos, que aumentou o poder aquisitivo da sua população. Com o avanço do sistema de transporte, criando condições favoráveis para sua comercialização, perto do fim do século XIX os Estados Unidos já importavam cerca de 16 milhões de caixas de banana da América Central por ano.

Antes disso, mais exatamente em 1788, o capitão James Cook descobria as bananas no Havaí, e em 1804 algumas amostras chegaram a Nova York, trazidas de Cuba, na escuna Reynard, pelo capitão John Chester. Só iria adquirir seu caráter comercial, porém, em 1870, quando um capitão do mar de Massachusetts, Lorenzo Dow Baker, chegou a Porto Antônio, na Jamaica. Notando no mercado de alimentos local uma curiosa fruta amarela, alongada e de nome engraçado, resolveu levar consigo 160 cachos verdes para Nova Jersey, onde foram vendidos a US$ 2 cada um. Com grande margem de lucro, ele lançava, assim, as raízes do império bananeiro.

Simultaneamente, Minor Keith, um rapaz de 23 anos, do Brooklyn novaiorquino, trabalhando como operário na construção de ferrovias na Costa Rica, ia plantando bananas ao longo dos trilhos. Quando a estrada de ferro ficou pronta, as bananas foram colhidas, armazenadas, levadas de trem para o porto mais próximo e exportadas para a América do Norte. Assim, graças aos esforços de ambos, as bananas logo se transformariam num alimento extremamente popular na mesa dos norte-americanos. Dez anos depois, a eles juntou-se um homem de negócios chamado Andrew Preston, da Boston Fruit Company (Companhia de Frutas de Boston).

Por sua pouca familiaridade com a fruta, os norte-americanos tiveram de ser ensinados a lidar com ela. *A Enciclopédia doméstica de informações práticas*, editada na década de 1870, trazia um verbete com as seguintes instruções:

> Bananas devem ser comidas cruas sozinhas ou cortadas em fatias com açúcar e creme ou com vinho e suco de laranja. Elas podem ser fritas, cozidas ou torradas, transformadas também em frituras, em marmelada ou em geleias.

Como se tratava da única fruta que, ao lado da laranja, podia ser encontrada nos pequenos mercados durante os meses de inverno, tornou-se imbatível na virada para o século XX.

Em 1899, a Boston Fruit fundiu-se com outras empresas, transformando-se, então, na famosa United Fruit

Company, a maior companhia bananeira do mundo, com plantações ao longo de toda a América do Sul, Central e Caribe. Em homenagem à fruta que a enriqueceu, a capital do império da United Fruit Company na Guatemala foi batizada de Bananera. A companhia tornou-se tão poderosa, que acabou controlando de fato o governo de vários países, da Guatemala à Costa Rica. Lá pelos anos 1920, o consumo de bananas cresceu a ponto de serem encontradas na marmita de qualquer trabalhador e nas lancheiras das crianças em idade escolar. Contribuíram para a enorme popularidade, que se mantém desde então, os números musicais apresentados pela cantora e dançarina Josephine Baker no Teatro de Revista Negro, de 1926. Sem falso pudor, ela enfatizou o exotismo e a sensualidade associados à fruta, apresentando-se diante de uma plateia predominantemente branca, vestida com uma sumária tanga da qual pendiam bananas, numa paródia ao saiote usado pelo nativos do Havaí, outro grande produtor. Levado para os palcos do Folies-Bergères, em Paris, logo depois, o espetáculo satisfazia e capitalizava a então recente mania francesa de "negritude".

Em épocas mais recentes, a banana protagonizou um amargo litígio econômico entre os pequenos países que vivem do seu cultivo e as companhias monopolistas norte-americanas, que insistiam em baixar o preço e efetivamente arrasaram os produtores de ilhas como a Jamaica, Dominica e Santa Lúcia. De grande significação política na disputa comercial entre os Estados Unidos e a União Europeia, a fruta também desencadeou, em 1993, uma contenda que já foi apelidada de Guerra da Banana.

Vem ganhando impulso, por outro lado, um questionamento global às práticas das multinacionais norte-americanas, que, ao longo dos anos, têm operado em detrimento dos trabalhadores rurais e do meio ambiente. Florestas tropicais são destruídas para ceder lugar às plantações de banana; pesados pesticidas causam sérios problemas de saúde e contaminam a água e a vida silvestre. Os sacos plásticos impregnados de elementos químicos que protegem contra insetos são jogados em lixos tóxicos que se amontoam a cada dia em torno das fazendas de banana, cujos empregados ganham pouco e vivem em moradias inadequadas.

Em resposta a essas questões, o grupo ambientalista Aliança da Floresta Tropical deslanchou um programa, no início dos anos 1990, chamado Better Banana Projects (BBP), dando sugestões para promover a situação dos bananais, que incluem uma redução de 50% no uso de pesticidas, elevação dos salários, melhora nos níveis de saúde e de proteção aos trabalhadores, política de educação ambiental e suspensão total do desmatamento. O gigante americano, Chiquita Brans International, já gastou mais de US$ 20 milhões para satisfazer as condições do BBP, que, assim como outras organizações similares, adota a nova tendência de oferecer soluções alternativas às empresas que desrespeitam o meio ambiente, em vez de simplesmente as denunciar e boicotar.

Você sabia?

A bananeira não é uma árvore. Ela não possui tronco nem galhos; é, na verdade, uma erva-gigante, a maior da face da Terra.

A banana é a quarta cultura mais importante do planeta, perdendo apenas para o arroz, o trigo e o milho. É a fruta tropical mais consumida no mundo.

Uma banana de 100 g possui 0,5% de gordura, ou seja, 0,5 g. Isso equivale a oitenta vezes menos a gordura de um hambúrguer comum.

Na região amazônica, a banana-da-terra, relevante alimento entre as populações indígena e ribeirinha, é também conhecida como chifre-de-boi, comprida ou farta-velhaco.

Se todas as bananas que crescem a cada ano no mundo fossem colocadas em fila, dariam a volta na Terra mais de duzentas vezes.

O International Network for the Improvement of Banana and Plantain (Inibap) montou uma base de dados bibliográficos trilíngue (Musalit) que contém mais de 6.700 resumos sobre a fruta e cobre várias áreas temáticas, como agronomia, melhorias, proteção dos cultivos, micropropagação, doenças e pragas, fisiologia da fruta e cuidados pós-colheita. Mantém o *site* http://www.inibap.org/bdd/musalit_EN.htm.

Nos anos 1950, pragas devastaram os bananais do mundo inteiro, levando a indústria bananeira quase à extinção.

Segundo uma lenda da Birmânia, antigo território do Império Britânico no sudeste asiático transformado em república em 1948, os primeiros homens aprenderam a comer banana observando as aves, que a descascavam para bicar a polpa madura. Daí derivou seu nome, *hnget pyaw*, que significa "os passarinhos contaram".

Em Papua Nova Guiné, as bananas do tipo *kalapua* são usadas como parte do dote da noiva.

Em Ruanda e no Burundi, a cerveja de banana é utilizada em muitos eventos sociais e durante os trabalhos de preparação de um casamento.

No oeste africano, costuma-se fazer um purê grosso de banana verde conhecido como *fufu*.

No vale de Caucas, na Colômbia, onde a banana-da--terra, cozida em pratos salgados, constitui alimento básico, consome-se uma média de 300 kg da fruta ao ano por habitante, o que equivale a quase 1 kg por dia.

Um marinheiro náufrago que viveu exclusivamente de bananas por mais de um mês foi resgatado gozando de esplêndida saúde.

No torneio de Wimbledon de 1997, nada menos do que oitocentas bananas foram consumidas diariamente pelos tenistas.

Quando o Muro de Berlim foi derrubado em 1989, os estudantes que havia muito tempo não podiam comprar nenhuma fruta fresca nas lojas da Alemanha Oriental cantaram para o chanceler da Alemanha Ocidental o seguinte *slogan*: "Pegue-nos pela mão e nos conduza à terra da banana".

Treinadores de cavalo de corrida usam a banana para melhorar o desempenho dos animais. O grande vencedor Springtime, que ganhou tanto a Corrida de Wimbledon quanto o Turfe Irlandês, ambos em 1999, come banana todos os dias.

"República de bananas" tornou-se um termo pejorativo para designar os países produtores de banana ao longo da América Central. Décadas atrás, as companhias multinacionais chegaram a essa região e tomaram o controle de fazendas, muitas vezes aliando-se aos governos militares corruptos e fazendo o uso da força e da violência.

A ilha do Bananal, que fica no médio Araguaia, no estado do Tocantins, nunca teve nada que ver com plantações de banana. *Bananal* deriva da corruptela de *Abuenoná*, cacique da aldeia local que, em 1784, prestou juramento de fidelidade ao rei de Portugal em nome de toda a nação Carajá. A ilha do Abuenoná acabou virando a ilha do Bananal, por ser esta de pronúncia mais fácil.

Em 1988, uma pesquisa feita com 22 diferentes perfumes de frutas em dezesseis países mostrou que o cheiro favorito era o de banana.

O Clube Internacional da Banana, fundado em 1972 por Ken Bannister, grande apreciador da fruta, reúne mais de 9.500 sócios espalhados por 72 países.

Ken também criou, em 1976, o Museu da Banana, o maior do mundo, que entrou para o *Guinness Book* (livro de recordes) graças à sua coleção de 17 mil itens com a forma ou o cheiro de banana. O endereço é: 2524 N. El Molina Ave., Altadena, Califórnia. Visitas só com hora marcada.

Um pouco menor, o Museu da Banana de Auburn, em Washington, conta com cerca de 4 mil itens devotados à fruta, além de uma vasta biblioteca especializada. Sua curadora, Ann Mitchell Lovell, era, na infância, chamada de Anna Banana por seus pais e amigos.

O menor e mais diversificado bananal do mundo fica na Flórida, exatamente na casa de um norte-americano maníaco pela fruta, que cultiva 26 variedades de *musas* no seu quintal de ¼ ha, equivalente a 2.500 m².

No *site* de Rick, o Bananasaurus, ao lado de receitas, histórias e dicas, ele ensina que, com os devidos cuidados, a bananeira pode crescer em qualquer região do planeta, em solos e climas os mais diferentes – e até mesmo dentro de casa.

No *site* da Chiquita Brans International (www.chiquita.com), é possível adquirir variados produtos relacionados com a fruta, de camisetas e bonés a caixinhas de louça, bonecas e broches, entre muitos outros itens.

Banana em penca[4]

América Latina e Caribe respondem por um terço da produção mundial de banana, com cerca de 32 milhões de toneladas métricas por ano e contribuem para 83% da exportação.

---

[4] Os números citados neste trecho foram extraídos de relatório da Organização das Nações Unidas para Alimentação e Agricultura (Food and Agriculture Organization of the United Nations – FAO), Roma, 2001.

Nessa região, o Equador é o maior produtor (8 milhões de toneladas) e o maior consumidor de bananas *per capita* – 90,6 t por ano, para uma população de 12,9 milhões de habitantes.

Segundo maior produtor mundial de banana (10,5 milhões de toneladas por ano), Uganda, com 241.038 km² de extensão e 24 milhões de habitantes, também está entre os países que mais consomem a fruta (cerca de 222 kg *per capita* por ano).

A Índia, número um na produção planetária (16 milhões de toneladas a cada ano), ocupa o 11º lugar entre os países consumidores na Ásia, com apenas 12,7 kg *per capita* por ano, para uma população de mais de 1 bilhão de pessoas espalhadas pelos seus 3.287.782 km².

A China vem em quinto lugar no *ranking* dos bananeiros, com 5,4 milhões de toneladas produzidas, mas seu consumo é de apenas 4 kg da fruta *per capita* por ano – muito abaixo do Camboja (10,60 kg) e do Japão (7 kg).

A Mauritânia, na África, disputa com o Cazaquistão o menor consumo de banana – 0,1 kg e 0,3 kg por pessoa a cada ano, respectivamente.

Os Emirados Árabes (150 t), as ilhas de Antígua e Barbuda (110 t) e a Itália (400 t) estão entre os menores produtores de banana do mundo.

A produção total de banana no mundo em 2001 foi de 98 milhões de toneladas, cabendo à Ásia o primeiro lugar, com 36,5 milhões de toneladas.

O Equador, que possui uma área territorial de apenas 283.661 km², é também o maior exportador mundial (cerca de 4,1 milhões de toneladas anuais).

Os menores exportadores do mundo são Sri Lanka e Chipre – 3 t e 1 t por ano, respectivamente.

Crendices e ditos populares

Não é aconselhável comê-la antes de dormir. Reza o ditado que banana de manhã é ouro, de tarde é prata e de noite mata.

Quem enfiar uma faca no caule da bananeira na noite de São João verá o nome do futuro cônjuge escrito na lâmina, através das manchas deixadas pelo tanino. Depois deve afastar-se sem olhar para trás, pois o diabo fica escondido dentro do falso tronco.

O verdadeiro cristão não corta a banana transversalmente, porque seu miolo apresenta a figura de uma cruz. Pelo menos é o que dizia frei Pantaleão de Aveio, no livro *Itinerário da Terra Santa e suas particularidades*, editado em Lisboa no ano de 1593, no qual registrou a jornada a Jerusalém realizada em 1563. O mote foi repetido pelo viajante John Luccock, que se fixou no Rio de Janeiro em 1808.

Segundo o cronista frei João Pacheco, os caboclos acreditam que a bananeira, na verdade, "dá à luz", pois, quando o cacho quer brotar, emite gemidos, igual à mulher em trabalho de parto, como registrou no seu *Divertimento erudito*, publicado em Lisboa no ano de 1734.

Quando não dá frutos, a bananeira deve ser abraçada por um homem, como remédio para sua "infertilidade".

No interior nordestino, se não possui leite, a mãe sertaneja nutre o filho recém-nascido com papa de "banana de vez", ou seja, quase madura, que ela mesma primeiro mastiga e tritura.

Se mudar uma bananeira de lugar, o caseiro do sítio ou empregado de uma fazenda acabará sendo despedido e nunca mais tornará a pisar o antigo local de trabalho.

Até a primeira metade do século XX, nos folguedos do boi-bumbá de Parintins, no Amazonas, que ocorre nas últimas três noites de junho, os brincantes utilizavam folhas de bananeira para confeccionar seus figurinos. Depois elas foram substituídas por tecido, plásticos e outros materiais sintéticos.

O termo "plantar bananeira" foi inspirado no golpe de capoeira em que o jogador se equilibra sobre as mãos com as pernas para cima.

Em linguagem pejorativa, "bananeira que já deu cacho" designa alguém que entrou em decrepitude, ou cuja atividade está em declínio. Do mesmo modo, costuma-se xingar de "banana" a pessoa frouxa, apatetada, sem energia nem iniciativa.

"Dar uma banana" significa menosprezar, fazer pouco-caso de alguém ou de uma situação. Gesto considerado ofensivo, consiste em apoiar a mão na dobra do outro braço, mantendo erguido o antebraço que ficou livre e cujo punho permanece fechado, em atitude de desafio e afronta. É um abrasileiramento do "dar manguito" ou "apresentar as armas a São Francisco", como dizem os portugueses, que trouxeram a mímica para nosso país.

Na Itália, o correspondente do gesto obsceno de "dar uma banana" é *far manichetto*. Na Espanha, *hacer un corte de mangas*.

O gesto, também tradicional na França, figura em *La marchand d'amours*, de Joseph-Marie Vien, encomendado em 1754 por Madame de Pompadour para ser gravado por Guay, no castelo de Fontainebleau. Nele, um dos "amores" galantemente dá uma banana.

Em Portugal, banana designa também um penteado feminino em que o cabelo é enrolado numa espécie de coque vertical na parte de trás da cabeça, a partir da nuca.

Yes, nós temos bananas

Ao natural ou assada com açúcar, manteiga e uma pitada de canela, frita, empanada, em inúmeros tipos de doce ou para acompanhar pratos salgados, como o cozido português, a banana tem marcado presença na mesa e no imaginário nacional. É encontrada nas artes, em múltiplas variações, em livros, filmes e no cotidiano do povo. "Com banana e farinha, passo eu e a vizinha", reza uma quadra popular anônima.

Engana-fome dos bons, *ajudatório* legítimo, surge no canto VI de *Caramuru* como instrumento de tentação usado no lugar da maçã que o senso comum cristalizou. Numa bem-humorada referência ao seu suposto papel de fruta-tentação, Santa Rita Durão advertia:

[...] As bananas famosas na doçura,
Fruta que em cachos pende e cuida a gente,
Que fora o figo da cruel serpente! [...]⁵

A banana, todos sabem, foi símbolo nacional na voz, nos filmes e nos balangandãs de Carmen Miranda, que usava um arranjo de frutas tropicais na cabeça. Adotando a vestimenta, os trejeitos e a faceirice da mulher baiana, a Pequena Notável forjou um personagem que inspiraria a logomarca da Chiquita, um dos maiores conglomerados bananeiros do mundo. Seu anúncio publicitário em que a fruta era oferecida aos telespectadores por meio de uma canção com pronúncia marcadamente brasileira, que remetia à artista, tornou-se um dos *jingles* mais famosos dos anos 1950, repetido por qualquer criança nos Estados Unidos.

Assim, dos musicais da norte-americana Josephine Baker, nos anos 1920, a Carmen Miranda e o teatro de re-

---

5   José de Santa Rita Durão, *Caramuru, poema épico do descobrimento da Bahia* (Rio de Janeiro: Maximiliano da C. Honorato, 1878).

bolado de Carlos Machado, dos anos 1950, a banana foi um ícone largamente explorado, tornando-se adereço obrigatório das vedetes e de musas como Leila Diniz, que, na década de 1970, estrelou o espetáculo *Tem banana na banda*.

A comprovar sua enorme popularidade, dezenas de músicas festejam a gloriosa fruta nacional. Já por volta de 1920 apareceu "Meu amigo Banana", cançoneta cômica de Eduardo Garrido cujo personagem central, Venceslau Policarpo Banana, dizia frases cheias de segundas intenções e duplos sentidos. Já "No morro de São Carlos", samba de Hervé Cordovil e Orestes Barbosa, de 1933, ecoava na voz de Moreira da Silva:

>No morro de São Carlos tive um trono
>Morenas me velando o sono
>Numa corte imperial
>De ti, então, sofri muita falseta
>E tu eras Maria Antonieta
>Me traindo no local
>Um gato, uma bananeira
>Um cigarro e um violão
>Chuva cantando no zinco
>E sonhos no meu coração [...]

Já "O orvalho vai caindo", samba de Noel Rosa e Kid Pepe, que sacudiu os foliões em 1934, era mais ingênuo:

>[...] A minha terra dá banana e aipim
>Meu trabalho é achar
>Quem descasque por mim
>Vivo triste mesmo assim! [...]

No ano de 1939, um samba, um choro e uma marcha de carnaval faziam, respectivamente, referência à fruta. Composto em 1939 por Gilberto Martins e Carmen Barbosa, o samba "Banalidade" queria rimar com felicidade. De Cícero Nunes e J. Portela, "Pão com banana", cantado por Araci de Almeida, abordava os problemas da falta de dinheiro:

> Lá em casa a dona Crise está segura
> Faz uma semana que ninguém pega gordura
> Pão com banana é a nossa refeição
> Neres de arroz, neres de feijão
> E quando não há grana pra banana
> A gente come sanduíche de pão com pão [...]

Mais leve e romantizada, a marchinha de João de Barro e Alberto Ribeiro, de 1939, cantada por Carlos Galhardo, "Sem banana macaco se arranja", lembrava que "viver sem amor não é canja".

Hoje, qual criança não cantarola, junto com Gilberto Gil: "Marmelada de banana, bananada de goiaba...", trilha sonora da versão televisiva do *Sítio do Picapau Amarelo*? E quem já não ouviu os seguintes versos?

> *Yes*, nós temos bananas
> Bananas pra dar e vender
> Banana, menina,
> Tem vitamina
> Banana engorda e faz crescer [...]

Resposta ao fox "I have no bananas", composto por Frank Silver e Irving Cohen em 1923, que aparece no Brasil anos mais tarde, *Yes, nós temos bananas* data de 1938 e tem como autores João de Barro (Carlos Alberto Ferreira Braga) e Alberto Ribeiro.

Gravada por Almirante, no outro lado do disco *Touradas em Madri*, e regravada quatro décadas depois pelas Frenéticas, a música que seria um dos grandes sucessos do carnaval daquele ano brincava:

> [...] Vai para a França o café
> Pois é
> Para o Japão o algodão
> Pois não
> Pro mundo inteiro
> "Home" ou mulher
> Bananas para quem quiser [...]

Em disco da RCA, também seria interpretada por Beth Carvalho em 1984, no seu LP *Coração feliz*. Fez parte do disco *Yes, nós temos Braguinha*, paródia que homenageava seu autor, gravado pelo grupo Garganta Profunda, em LP de 1987 e CD de 1997, da Funarte/Itaú Cultural.

Detentora de muitos êxitos carnavalescos, a dupla João de Barro e Alberto Ribeiro também compôs a antológica "Chiquita bacana", que estourou no carnaval de 1949. Vencedora do concurso oficial, foi interpretada com muita vivacidade por Emilinha Borba, que soube dar o tom certo para seus versos de sutil crítica ao nudismo:

> Chiquita bacana
> Lá da Martinica
> Se veste com uma casca
> De banana-nanica
> Não usa vestido
> Não usa calção
> Inverno pra ela
> É pleno verão [...]

Com menções ao fruto proibido, também compuseram "Bananeira não dá laranja", de 1953, e "Banana-nanica", de 1967. Zé da Zilda, nos anos 1950, gravou:

> Facão bateu embaixo
> A bananeira caiu
> Cai cai bananeira [...]

Na voz de Carmen Costa, a marcha de Mirabeau e Airton Amorim, de 1955, "Tem nego bebo aí", brincava:

> Foi numa casca de banana
> Que eu pisei, pisei
> Escorreguei, quase caí
> Mas a turma lá de trás gritou
> Chi! Tem nego bebo aí
> Tem nego bebo aí [...]

Há uma batucada do paulista Raul Torres, de 1949, chamada "Bananeira". Adoniran Barbosa, Geraldo Blota e

Joca compuseram a marcha "Bananeiro", gravada por Dolores Barrios nos anos 1950. Também uma marchinha, "Banana boa", de Dias da Cruz e Rubens Machado, foi gravada pela vedete de teatro de revista Marli Sorel nos anos 1950. Serviu ainda de tema para Jorge Benjor, que compôs "Vendedor de bananas" para seu álbum da Polygram de 1973, *10 anos depois*. A música foi ainda gravada por Ney Matogrosso em CD da Polygram/Philips, de 1993, com o grupo Aquarela Carioca, bem como por Rita Ribeiro, no CD *Pérola aos povos*, da MZA Music, de 1999. De resto, registra-se "Chiclete com banana", de Almira Castilho e Gordurinha, pseudônimo de Waldeck Arthur de Macedo, com Jackson do Pandeiro, que também cantaria "Xexéu de bananeira", no disco *A música brasileira deste século por seus autores e intérpretes*, em CD do Sesc/SP, de 2000. A mistura feliz de Miami com Copacabana, presente em "Chiclete...", no entanto, ganharia diversas versões, incluindo a de Gilberto Gil, no seu disco *Expresso 2222*, de 1972, e no CD *Personalidade*, da Polygram/Philips, de 1987.

"Bananeira", com música de João Donato e letra de Gilberto Gil, ganhou novo fôlego na interpretação de Bebel Gilberto, no CD *Tanto tempo*, lançado em 2000 pela Ziriguiboom/Six Degrees. Antes disso, porém, teve uma série de gravações: do próprio Donato, no primeiro volume do seu *Songbook*, de 1999, pela Lumiar Discos; no CD da EMI/Odeon, de 1996, e no disco da Universal Music, de 2000. No CD de 1999, intitulado *O Guarani*, da Ritornelo Records, a música aparece interpretada por Leandro Carvalho e Turíbio Santos, com o subtítulo "Suíte Quilombo". Pode também ser ouvida na voz de Joyce, no CD *Tudo bonito*, da Rip Curl Recordings, de 2000.

> Bananeira não sei
> Bananeira será
> Bananeira sei não
> A maneira de ver
>
> Bananeira não sei
> Bananeira será
> Bananeira sei não
> Isso é lá com você
>
> Será no fundo do quintal
> Quintal do seu olhar
> Olhar do coração [...]

"Banana bacana", de Maurício Tagliari, em *Zumbi*, cantada por Andrea Marquee pode ser ouvida no CD da YBrasil/Music, de 1999. "Hey banana", de Carlos Colla, Michael Sullivan e Paulo Massadas, seria gravada pelo grupo The Fevers, em LP da EMI/Odeon, de 1993. Outros que cantaram a fruta foram os Titãs, com a música "Bananas", de Charles Gavin, Paulo Miklos e Sérgio Britto, que saiu no CD de 2001, da Abril Music, *A melhor banda de todos os tempos da última semana*.

"I make my money with bananas", de Ray Gilbert, composta em 1947 especialmente para Carmen Miranda, não chegou a ser gravada em disco na época, mas foi apresentada em *shows* nos Estados Unidos até o fim da vida da diva brasileira. Transformando-se numa de suas marcas registradas, a música viria a integrar o CD intitulado *The Brazilian Bombshell*, lançado pela Legend/Eua e a ela atribuído.

> [...] *I'd love to play a scene with Clark Gable*
> *With candlelight and wine upon the table*
> *But my producer tells me I'm not able*
> *Cause I make my money with bananas*
> *[...]*

But if quit my job it's not disturbing
I'm even better off than Ingrid Bergman
Cause I can sit at home and eat my turban
And still make my money with my bananas [...]

"[...] Eu gostaria de fazer uma cena com Clark Gable
Com candelabro e vinho à mesa
Mas meu produtor diz que eu não posso
Porque ganho meu dinheiro com bananas
[...]
Mas se eu deixar meu emprego não me preocupo
Sou melhor que Ingrid Bergman
Porque posso sentar em casa e comer meu turbante
E ainda ganhar dinheiro com minhas bananas [...]"

Na filmografia nacional, temos *Banana da terra*, produção de 1939 da Sonofilms, com roteiro de João de Barro e Mário Lago e direção de João de Barro. A história se passa na ilha de Bananolândia, que enfrentava uma crise de superprodução. Seu ministro, interpretado por Oscarito, sugere que a rainha Banana da Terra, vivida por Dircinha Batista, viaje ao Brasil para tentar vender o excedente. Aqui, ela conhece o galã, se apaixona e tudo termina bem. Quem brilhou nesse filme musical, porém, foi mesmo Carmen Miranda, na sua primeira aparição para o grande público vestida de baiana, após ter causado *frisson* ao cantar com o traje diante da plateia seleta do Cassino da Urca, no ano anterior. "O que é que a baiana tem?" e "Pirulito que bate bate" arrancaram aplausos dos espectadores, que também puderam ouvir "Jardineira", com Orlando Silva, além de "Sei que é covardia" e "Sem banana macaco se arranja".

A tropicalidade de Carmen também marcou presença nos Estados Unidos em 1943. Produção da 20th Century Fox, *Entre a loura e a morena* (*The gang's all here*), dirigido por Busby Berkeley, era situado em plena Segunda Guerra Mundial e girava em torno da paixão de uma corista (Alice Faye) por um soldado que já tinha namorada. Ao lado de outras dançarinas, Carmen Miranda aparece no seu número musical mais elaborado no cinema norte-americano, apresentando-se com muitas bananas-gigantes cantando "The lady in the tutti-frutti hat". Incluído entre as dez maiores bilheterias daquele ano, foi o filme mais caro da Fox até então.

Morrendo de medo (*Scared stiff*), dirigido por George Marshall, lançado em 1953, foi o último filme da artista nos Estados Unidos. Ela canta o antigo sucesso de 1937, "Mamãe eu quero", que na tela é dublado por um Jerry Lewis vestido de baiana. Ao lado de Dean Martin, Jerry "canta" imitando a estrela, enquanto aproveita para comer uma banana retirada do seu próprio turbante.

Banana, evocação dos trópicos

Registrada nos tempos coloniais pelos pintores viajantes, como Albert Eckhout e Von Martius, a exuberância da *terra brasilis*, com suas matas e frutas abundantes, parece reforçar a mensagem enviada por Pero Vaz de Caminha ao rei de Portugal de que, na terra recém-descoberta, em se plantando tudo dá. Revelando ao mundo "civilizado" a face desconhecida e tentadora do lado de lá do equador, a banana surge perfeitamente integrada à paisagem do Novo Mundo.

Membro da comitiva de Maurício de Nassau, Eckhout, que permaneceu de 1636 a 1644 sobretudo em Pernambuco, dividia com o colega Frans Post a tarefa de representar tudo o que era desconhecido na Europa ou de interesse para o Velho Mundo, segundo palavras do próprio Nassau. A Frans cabia pintar as paisagens nativas, enquanto Eckhout tinha a incumbência de retratar as frutas, flores, animais, indígenas e negros que se encontravam na região. A banana entrou, assim, em naturezas-mortas e como pano de fundo de quadros que revelavam os tipos humanos na sua lida cotidiana. Suas imagens, anotadas em cartões que serviriam de guia para a realização de telas de maiores dimensões quando regressasse à Holanda, também foram utilizadas na confecção de tapeçarias *gobelin*.

Cento e vinte e seis anos depois, Carl Friedrich von Martius, na companhia de um zoólogo, um pintor, um desenhista, um caçador, um jardineiro e mais dois naturalistas integrantes da Missão Austríaca (1817-1820), encomendada pelo imperador da Áustria por ocasião da união da arquiduquesa Leopoldina com o príncipe herdeiro dom Pedro de Alcântara, repetia a façanha de Eckhout. Durante sua viagem, fez esboços que deram origem a parte das gravuras publicadas nos seus diversos livros sobre as plantas brasileiras. A bananeira, que ele tanto admirou logo na chegada, não poderia, evidentemente, faltar na sua coleção pictórica atualmente depositada em Munique.

Fixando-se, assim, como um símbolo nacional, a banana traz vestígios da alegria ensolarada e libertária dos trópicos. Portanto, é compreensível que a ela recorram os pintores interessados em ressaltar e valorizar a brasilidade, em contraponto aos cânones da arte acadêmica importada, sobretudo, da Europa.

Esse é o caso de Anita Malfatti, que, na época de sua polêmica exposição de 1917, pintou *Tropical*, em que aparece uma figura feminina com traços brasileiros ao lado de frutas do repertório nacional, tendo, no *background*, uma folhagem semelhante à da bananeira.

Tarsila do Amaral é outro exemplo. Seus quadros com cactos, coqueiros e bananeiras retomavam o primitivismo puro e simples da arte popular que ela conheceu de perto em suas viagens pelas cidades históricas de Minas Gerais, em 1924, ao lado de Oswald de Andrade e do poeta francês Blaise Cendrars.

Cândido Portinari, quando atravessava sua fase voltada para temas ligados à infância na sua pequena cidade do interior paulista, Brodósqui, e sob decisiva influência dos muralistas mexicanos, que desembocaria na tela *Café*, de 1934, no mesmo ano concluiu *O mestiço*. Ali o bananal mostrado ao fundo complementa a noção de orgulho da raça e da terra brasileira que o artista pretendeu conferir ao seu trabalho.

Nesse mesmo sentido, Antônio Henrique Amaral, nascido em São Paulo em 1935, trocou os temas agressivos de suas gravuras pelo registro tropicalista, fundindo humor e ironia nas bananas e bananeiras de formas e cores fortes. Síntese, segundo depôs, do rural e do urbano, elas refletiam a realidade do país. Na sua pintura dos anos 1960, essa fruta, que em geral pouco aparece nas naturezas-mortas, adquire condição de personagem central. Isoladamente ou em cachos, suas bananas agigantadas remetem às figuras antropofágicas de Tarsila do Amaral, totens tropicalistas que brilham sob o sol radioso. "Hastes brutas, duras, caules que se bifurcam com rudeza e avançam esmurrando o espaço; nas pontas estouram pencas moles, cheias de carne sumosa...", comentou o crítico e também artista Luís D'Horta, sobre as bananas de Henrique Amaral, apetitosas e indigestas, "para comer com os olhos".[6]

A banana também representou o exotismo, a alegria e a luminosidade vibrante dos trópicos nos quadros do pintor de origem russa Lasar Segall, que, em dezembro de 1923, trocou a Europa pelo Brasil. Sob o impacto da exuberância

---

[6] Luís D'Horta, *Jornal da Tarde,* São Paulo, 19 de agosto de 1969.

da paisagem que revelava o "milagre da cor e da luz", produziu uma série retratando temas populares que celebravam o encontro do imigrante com a energia primitiva do Novo Mundo. Emblematicamente, a banana se fez uma constante nessa etapa que se estendeu da sua chegada até 1927, aproximadamente, aparecendo em pelo menos dois importantes óleos, desenhos e xilogravuras.

Delícia versátil e nutritiva

Entre os maiores produtores mundiais de banana, com cerca de 518.018 ha, respondendo por aproximadamente 13,56% da área plantada e 10,01% do volume produzido no planeta, o Brasil colhe mais de 5 milhões de toneladas anuais. São Paulo, que até a década de 1960 concentrava o cultivo da fruta, conforme dados do Instituto de Economia Agrícola, em 1999 colheu 1.119.962 t, o equivalente a 300 milhões de cachos.

Área colhida (ha), produção (t) e rendimento (t/ha) de banana nos dez maiores produtores mundiais em 2001

	Área colhida (ha)	Produção (t)	Rendimento (t/ha)
Mundo	4.201.809	68.651.267	16,34
Índia	490.000	16.000.000	32,65
Equador	228.985	7.561.119	33,02
Brasil	**513.755**	**5.744.200**	**11,18**
China	259.000	5.393.000	20,82
Filipinas	400.000	5.060.782	12,65
Indonésia	285.000	3.600.000	12,63
Costa Rica	50.000	2.270.000	45,40
México	74.964	1.976.664	26,37

Fonte: Organização das Nações Unidas para Alimentação e Agricultura (FAO), Roma, 2002.

Presente de norte a sul, a banana é cultivada em todos os estados brasileiros, desde a faixa litorânea até o interior. Apesar de sofrer restrições de plantio em virtude de fatores climáticos e precipitação, desempenha importante papel na fixação da mão de obra rural. Segunda fruta na preferência nacional, superada apenas pela laranja, com alto valor nutritivo, inestimável teor energético e custo relativamente baixo, é consumida *in natura* pela maioria dos brasileiros, numa proporção de quatro cachos, ou 30 kg *per capita* por ano. Principais produtores da pacova ou banana-da-terra – com concentração na Bahia, no Pará, no Espírito Santo, em Goiás e em Pernambuco, com uma safra em torno de 600 mil toneladas por ano, ou seja, 10% do volume total da banana produzida no Brasil –, no Norte, Nordeste e na região Amazônica, ela faz parte do hábito alimentar da população local.

Se recebemos da África, por meio dos portugueses, a banana "de sobremesa", apropriada para ser consumida ao natural, como a nanica, a prata e derivadas, havia uma espécie selvagem velha conhecida dos indígenas na época do descobrimento. Os povos da floresta consumiam a subespécie *Musa paradisiaca,* que aparece nos textos coloniais como pacoba, fruto da pacoveira, pacobete ou pacobuçu. Ao contrário daquelas transplantadas, com as quais viriam a ser posteriormente confundidas, as frutas nativas caracterizavam-se pelo sabor menos suave e mais áspero, tornando-se apropriadas para o consumo só depois de cozidas, assadas ou transformadas em caldo ou bebida. Fernão Cardim, que veio para o Brasil em 1583, observou nos seus *Tratados da terra e gente do Brasil*, sobre a pacova: "Esta é a figueira que dizem de Adão, nem é árvore, nem erva [...]. É fruta ordinária de que as hortas estão cheias, e são tantas que é uma fartura, e dão-se todo o ano".[7]

Assim, nada mais natural que elas mantivessem a maior parte dos escravos desta terra, "porque assadas verdes pas-

---

[7] Fernão Cardim, *Tratados da terra e gente do Brasil* (Rio de Janeiro: J. Leite, 1925), p. 63.

sarão por mantimento e quase têm a sustância de pão",[8] garantia Pero de Magalhães Gandavo, o humanista de descendência flamenga, autor de *História da província Santa Cruz*, que por aqui esteve durante o governo Mem de Sá, entre 1558 e 1572, tendo residido na Bahia e na cidade de São Vicente, em São Paulo.

Embora não citadas pelos jesuítas Manuel da Nóbrega ou José de Anchieta, elas deveriam, na opinião do pastor calvinista Jean de Léry, figurar entre as frutas melhores e mais lindas da região. Com sabor de pêssegos passados, eram ótimas substitutas para figos e maçãs, dizia ele em *Viagem à terra do Brasil*, no qual relatava suas aventuras de 1556 a 1558 no Brasil, como missionário da expedição de Villegaignon, que tentava formar aqui um núcleo de colonização francesa, a chamada França Antártica:

> O fruto, a que os selvagens chamam pacó [...], tem mais de meio pé de comprimento e se assemelha ao pepino, sendo como este amarelo, quando maduro [...]. A fruta é boa; quando chega à maturidade tira-se-lhe a casca como figo fresco e sendo gomosa como este parece que se saboreia um figo [...], é verdade que são mais doces e mais saborosos do que os melhores figos de Marselha.[9]

Como ele, a maioria dos estrangeiros curvava-se ante os novos sabores das frutas tropicais. A banana, aprenderam, também acompanhava assados, guisados e estufados. Manifestação reveladora de uma flora exuberante, cheirosa e ao mesmo tempo estranha, elas arrebataram o paladar dos que vieram da metrópole, conferindo aos pratos sabores inéditos e perfumes inebriantes, enquanto davam um toque de frescor tropical aos cardápios centenários do Velho Continente.

---

[8] Pero de Magalhães Gandavo, *História da província Santa Cruz* (Rio de Janeiro: Anuário do Brasil, 1924).
[9] Jean de Léry, *Viagem à terra do Brasil*, trad. Sérgio Milliet (São Paulo: Martins, 1945).

Já Guilherme Piso, durante estadia em Pernambuco em 1638, anotou que a pacoveira e a bananeira são "arbustos conhecidos de todo mundo e tão familiares que já não se encontrará no Brasil nenhum horto no qual não se vejam por toda parte". Médico na comitiva de Maurício de Nassau, ele descrevia as qualidades da fruta: "A polpa mole como manteiga é de bom sabor e se come muito, só ou com farinha de mandioca, cozida ou frita em óleo ou manteiga". Secas ao sol ou ao fogo, contava, já eram então exportadas para a Europa. "Cortadas em fatias, fritas com ovos e açúcar, ou cozidas em bolo como tortas, têm sabor muito agradável e ótimo alimento."[10]

Da mesma forma, Saint-Hilaire, naturalista e botânico que chegou ao Brasil em 1816, na comitiva do conde de Luxemburgo, e fez cinco grandes incursões pelo Rio de Janeiro, Espírito Santo, Minas Gerais, Goiás, São Paulo, Santa Catarina e Rio Grande do Sul para estudar a flora local e formar coleções de história natural, comenta a presença constante da fruta: "Onde estiverem as habitações encontrei plantas que parecem acompanhar a nossa espécie; laranjeiras e bananeiras oferecem ainda seus frutos ao viajante", diz ele para completar que eles portanto constituíam "grande recurso para os pobres, que os comem com farinha de milho", quanto para os nativos da região amazônica.[11] Na província de Minas, explica,

> São cultivadas quatro variedades de bananeiras; as chamadas são-tomé, de bagas pequenas e gosto agradável; as bananas-da-terra, cujos frutos, maiores e de sabor menos delicado, são comidos depois de cozidos; a variedade maranhão, com frutos ainda maiores que as bananas-

---

[10] Guilherme Piso, *História natural e médica da Índia Ocidental*, cit.
[11] Auguste Saint-Hilaire, *Viagem às nascentes do rio São Francisco e pela província de Goiás*, Coleção Brasiliana, vol. 68, trad. Clado Ribeiro de Lessa (São Paulo: Nacional, 1937).

-da-terra; enfim a quarta, chamada farta-velhaco, cujos cachos e frutos são ainda maiores que os da terra.[12]

Os índios, conforme testemunho de Von Martius, que em 1819 informa ter visto, pela primeira vez, na descida pelo rio Itapicaru, uma pacoveira vergada ao chão pelo peso dos frutos, tinham no mingau feito da mistura de pupunhas e bananas seu petisco predileto.

Médico e botânico, professor na Universidade de Berlim e diretor do Jardim Botânico de Munique, tendo percorrido o país do Rio de Janeiro ao Pará, duvidava da existência da bananeira em estado silvestre, mas afirmava acreditar que "aqui, como em todo o Amazonas, é plantada a comprida pacova (*Musa paradisiaca*), indígena do Brasil, e que, sob o nome de banana-da-terra, se distingue da banana-de-são-tomé (*Musa sapientum*), menor e arredondada". Em *Viagem pelo Brasil*, explicava que a primeira é menos doce e menos insossa, pois só desenvolve seu aroma peculiar quando dependurada em local arejado e quente: "É preferida, entre as outras espécies, pelos índios, que sabem com ela preparar diversos manjares".[13]

John Luccock, comerciante inglês considerado um dos mais originais cronistas do Brasil-colônia, em visita a São João del-Rei em 1818, conta que lhe ofereceram 29 variedades de frutas nacionais cultivadas nas vizinhanças da cidade. Nenhuma ao natural. Todas em compota, uma vez que apenas as crianças se aventuravam a comê-las maduras, estando sempre com uma delas na boca nas feiras e nos mercados. Como na África, nota ele, aqui a banana, entre outras frutas frescas, destinava-se à gula infantil. Para os adultos, no máximo servia de lanche entre as refeições,

---

[12] Auguste Saint-Hilaire, *Viagem pelo distrito dos diamantes e litoral do Brasil*, Coleção Brasiliana, vol. 210, trad. Leonam de Azevedo Pena (São Paulo: Nacional, 1941), p. 116.

[13] Johann Baptist von Spix e Carl Friedrich von Martius, *Viagem pelo Brasil* (São Paulo: Nacional, 1938).

julgada indigna de figurar à mesa, por demasiado vulgar ou indigesta.[14] Mas, transformadas em doce, as bananas mereciam respeito e elogios até na metrópole. "A bordo tínhamos para regalo habitual bananas chamadas do maranhão, secas com casca e achatadas, como figos secos", relatou Hercule Romuald Florence, referindo-se à viagem pelo rio Tapajós, em 1828. "Assim preparadas, são exportadas até para Portugal", escreveu ele em *Viagem fluvial do Tietê ao Amazonas*.[15] Desenhista autodidata que chegou ao Brasil como oficial da Marinha Real da França em 1824, radicando-se no país, Florence integrou-se à Expedição Langsdorff e viajou por São Paulo, Mato Grosso, Amazonas e Pará, sendo responsável pela organização e envio do material coletado à Rússia.

Imposição negra, por meio do mulato, cria da casa, a banana acabou marcando presença no jantar reinol. Um século mais tarde, em *Estudos de etnologia brasileira*, onde conta as peripécias de sua viagem entre 1900 e 1901, Max Schmidt diz ter experimentado com muito gosto a sopa de banana verde feita pelos guatós do alto Paraguai, em Mato Grosso.[16] Só que, com o passar dos anos, a *Musa sapientum*, trazida da ilha de São Tomé, no golfo da Guiné, a oeste da África, onde brotava em 1587, foi roubando terreno da fruta nativa. Mais grossa e com três quinas, saborosa e fácil de comer, não dependendo de preparo prévio para ser consumida, a invasora estrangeira converter-se-ia na principal espécie cultivada no país.

---

[14] John Luccock, *Notas sobre o Rio de Janeiro e partes meridionais do Brasil*, trad. Milton da Silva Rodrigues (São Paulo: Martins, 1942).
[15] Hercule Romuald Florence, *Viagem fluvial do Tietê ao Amazonas de 1825 a 1829* (São Paulo: Cultrix, 1977), p. 293.
[16] Max Schmidt, *Estudos de etnologia brasileira* (Rio de Janeiro: Imprensa Nacional, 1938).

Na sua *Viagem pitoresca e histórica ao Brasil*, publicada em Paris entre 1834 e 1839, Jean-Baptiste Debret – pintor e desenhista que em 1816, a convite de Lebreton, ensinou pintura histórica como integrante da Missão Artística Francesa, fundadora da Academia Imperial de Belas Artes do Rio de Janeiro – confirmou que aqui se cultivavam duas espécies de bananas: a de jardim ou de são-tomé, menor e extremamente saborosa, e a indígena ou da terra, bem maior, mas de gosto inferior, em sua opinião. A primeira, bastante apreciada nas melhores mesas, "assada na brasa adquire o sabor da maçã raineta cozida". Quando maduras, "[...] apresentam-nos ao paladar uma substância um pouco pastosa, fresca e adocicada, que lembra ao europeu o sabor de um sorvete de framboesa". Por ser muito abundante, constituía o alimento generalizado de todas as classes, incluindo até o rico proprietário. Ressaltava, porém, que os "mais indigentes e os escravos nas fazendas alimentam-se com dois punhados de farinha seca, umedecidos na boca pelo suco de algumas bananas ou laranjas".[17]

Por sua vez o historiador e geógrafo alemão Oscar Canstatt, no livro *Brasil, a terra e a gente*, contando sobre sua estada nos trópicos de 1868 a 1871, declarou que, nas cidades como Salvador, elas eram comercializadas pelos escravos de ganho: "Cada negra tinha diante de si uma canastra na qual expunha à venda muitas das famosas frutas da Bahia", narrava. "As vendeiras eram porém tão pouco apetitosas que não me pude decidir a aceitar bananas e laranjas de suas mãos, como me habituei, mais tarde, a fazer sem o menor escrúpulo."[18] Pouco depois, uma novidade.

---

[17] Jean-Baptiste Debret, *Viagem pitoresca e histórica ao Brasil*, trad. Sérgio Milliet, vol. II (São Paulo: Martins, 1940), pp. 233-239.
[18] Oscar Canstatt, *Brasil, a terra e a gente,* trad. Eduardo Lima e Castro (Rio de Janeiro: Pongetti, 1954).

Ao descrever o almoço na casa de um sitiante modesto em seu romance *Sonhos d'ouro*, em 1871, José de Alencar mencionava uma então rara variante do fruto: "Café com leite muito benfeito, três pães, um para cada pessoa, e excelentes bananas-maçãs".[19]

Há que frisar que todas as espécies, porém, tanto a autóctone quanto as hóspedes ilustres, tornaram-se tão populares que serviam de parâmetro para calcular o grau de isolamento de grupos indígenas. Foi uma surpresa, assim, a revelação do viajante Karl von den Stein de que as tribos nos rios formadores do Xingu não tinham ideia da fruta. Era compreensível que não conhecessem metais, bebidas, ferramentas e anzóis, mas e a velha e boa banana? Igual assombro causou a descoberta do futuro marechal Rondon quando, entre 1907 e 1909, contatou os nhanbiquaras da serra do Norte, em Mato Grosso. Não obstante possuíssem belos roçados de mandioca e milho, ornassem sua cerâmica e fabricassem bebidas fermentadas, ignoravam a bananeira.

Três anos depois, ao receberem a visita de Edgard Roquete Pinto, célebre antropólogo nascido no Rio de Janeiro, em viagem de pesquisa à zona compreendida entre os rios Juruena e Madeira, para reunir dados também sobre os índios parecis, que expôs no livro *Rondônia*, eles já tinham cachorro. Mas nada de banana.

O trunfo da banana verde

De um jeito ou de outro, nativa ou introduzida pelos colonizadores, o fato é que sempre tivemos banana de sobra, banana para dar e vender. Porém, apesar de ocupar o terceiro lugar entre os maiores produtores mundiais, o Bra-

---

[19] José de Alencar, *Sonhos d'ouro* (Rio de Janeiro: José Olympio, 1951), p. 72.

sil não exporta mais do que 2% de seus mais de 750 milhões de cachos. Ou seja, menos de 12 milhões de cachos saem do país anualmente com destino à Argentina, Itália e Inglaterra, já que o cartel da banana formado, sobretudo, pela ilhas Canárias, Equador e Costa Rica, monopoliza as vendas para o restante da Europa e Estados Unidos. O negócio tem melhorado devagar e mostra-se promissor. Dados divulgados pela Empresa Brasileira de Pesquisa Agropecuária (Embrapa) indicam que as exportações praticamente dobraram de 2001 para 2002. Espera-se que o volume de 241 mil toneladas vendido no mercado externo aumente ainda mais este ano, assim como a produção.

Mesmo assim, desse total, o Brasil descarta quase 60%, porque a fruta não se encaixa nos padrões considerados adequados à comercialização. Grande parte acaba estragando na própria plantação, pois, dependendo da safra, o preço é tão irrisório que nem compensa a colheita. Muita coisa ainda vai para o lixo na casa do consumidor. E o desperdício não para por aí. O coração da banana é desprezado pelos lavradores por puro desconhecimento sobre seu valor nutritivo. A casca é outro saboroso ingrediente que não entra na dieta alimentar, apesar de constituir uma fonte farta em fibras e minerais. Recentes análises químicas efetuadas pelo Laboratório Bromatológico Nacional revelaram que ela contém quase 11% de proteína, 6,30% de amido e zero de açúcares, sendo, por isso, recomendável para compor produtos dietéticos, geriátricos e aqueles voltados para diabéticos e nefropatas, bem como para vegetarianos.

Acostumado a comer a fruta madura, o brasileiro nem desconfia que está perdendo uma ótima alternativa de consumo e alimentação. Pouca gente já ouviu falar na força da polpa da banana verde. Rica em vitaminas A, B1, B2 (riboflavina), ácido nicotínico, além de sódio, potássio, magnésio, manganês, cobre, fósforo, enxofre, cloro e iodo, a banana verde pode substituir a batata em sopas, nhoque, massa para tortas, rosquinhas e uma variada gama de doces e salgados. E sem o menor sabor ou cheiro de banana, já que a fruta não tem gosto antes de amadurecer.

Além disso, como toda fruta ainda verde, a banana possui no máximo 2% de açúcares e grande quantidade de amido, que, no processo de amadurecimento, converte-se quase todo em açúcares. Com uma estrutura molecular maior e de difícil digestão, o amido do fruto verde é chamado de amido resistente. Assim, quando é cozida verde, a banana perde o tanino, elemento que amarra na boca, mas mantém o amido resistente, que vai passar pelo sistema digestório sem ser absorvido, devido à impossibilidade de ser quebrado. Fortalecendo e aumentando o número de bactérias boas, ele será utilizado pela flora intestinal, cujo trânsito, facilitado, diminuirá o estímulo para a absorção de outros ingredientes. Um teor alto de amido resistente dificulta a absorção de gorduras, como também o de glicose, sendo, portanto, indicado aos diabéticos, aos que têm colesterol alto ou sofrem de prisão de ventre. E é justamente esse amido que dá consistência, que dá a liga, convertendo a polpa da banana verde cozida num excelente espessante em bolos, massas, pães e patês.

Exame físico-químico da polpa cozida

Teste	Resultado
umidade	64,79%
proteínas	1,33%
lipídios	5,96%
fibra bruta	1,51%
cinzas	6,01%
amido	19,64%
açúcares totais	0

Exame físico-químico da casca cozida

Teste	Resultado
umidade	77,00%
proteínas	10,80%
lipídios	1,32%
fibra bruta	1,98%
cinzas	0,70%
amido	6,30%
açúcares totais	0

Fonte: *Laboratório Bromatológico Nacional*, São Paulo, 2002.

A casca da banana detém cerca de 18% a 20% de proteína, ao lado de uma boa quantidade de fibra. Amido que tem uma cadeia muito longa, a fibra não é metabolizada, adquirindo a mesma função do amido resistente: estimular o trânsito intestinal e dificultar a absorção das gorduras. Já a flor da bananeira, o chamado "coração", é também riquíssima em fibra; por isso é altamente recomendável a diabéticos e celíacos.

Para esse último grupo, formado por pessoas que não podem ingerir nada que contenha glúten, que é a proteína encontrada em alguns cereais, como trigo, aveia e centeio, a biomassa de banana entraria na receita de pães e bolos, substituindo a farinha de trigo. E alimentos do dia a dia, como o caldo de feijão, sopas e molhos, entre outros, podem ser enriquecidos com a biomassa, pois ela entra no lugar da farinha de trigo ou do amido de milho utilizados para engrossar alimentos.

Como se não bastasse, é fundamental lembrarmos que, enquanto o Brasil só exporta uma parte insignificante da banana cultivada, ele produz apenas 2% do trigo usado para consumo interno, importando os outros 98% necessários, num total de 12 milhões de toneladas de grãos comprados em dólar só no ano de 1999. Em vista dessa distorção, seria interessante que toda banana verde fosse utilizada para substituir boa parte do trigo usada em diversos produtos, como o pãozinho francês, diminuindo seu preço final internamente e contribuindo para o equilíbrio da balança comercial do país.

Mudar um arraigado hábito alimentar pode não ser tarefa fácil, mas traria enormes benefícios, sobretudo à população mais carente. Além de melhorar o valor agregado do produto, a biomassa valorizaria a própria banana, elevando seu preço e contribuindo para uma melhor distribuição da riqueza, visto que as regiões bananeiras se encontram entre as mais pobres do Brasil. Com a utilização dessa valiosa matéria-prima chamada banana e dos recursos humanos disponíveis, eliminaríamos o desperdício na cadeia produtiva, revertendo-os em prol da própria sociedade e fortalecendo também a economia nacional.

Trata-se, portanto, de uma descoberta cujos resultados, até agora obtidos por meio de processos artesanais, apresentam enorme potencial para ser utilizado em escala industrial, exigindo apenas alguns poucos testes laboratoriais para definir sua exata participação na produção de novos alimentos saudáveis e economicamente viáveis.

Segundo especialistas, a composição da dieta do brasileiro piorou na última década. De 1988 para cá, o consumo de gorduras aumentou, enquanto o de verduras e frutas ficou estável ou diminuiu consideravelmente em diversas regiões. De resto, sabe-se que, na América Latina, apenas a Bolívia e o Peru possuem índice de mortalidade infantil maior que o do Brasil, que ocupa o 82º lugar, próximo de Níger, onde 320 em cada mil crianças morrem antes dos 5 anos de idade. Dados da área de saúde da Unicef apontam a deficiência de micronutrientes, a chamada "fome oculta", como fator determinante para a constrangedora classificação do nosso país. O que vem a ser fome oculta? Nada menos do que carência de vitamina A, ferro e iodo, que diminui a resistência imunológica de mães e crianças, ameaçando seu desenvolvimento físico e intelectual.

No momento em que os avanços da ciência desbravam caminhos e fazem descobertas, transformando o outrora impossível em realidade palpável, quase corriqueira, é no mínimo constrangedor saber que 16 milhões de pessoas ainda sofrem de subnutrição no país. Nesse contexto, aliadas a uma política de mudança no estilo de vida, valorizando o exercício físico e a alimentação equilibrada, as receitas com a biomassa de banana verde contribuem para uma melhoria geral nas condições da população de todas as faixas etárias e classes sociais.

Somando-se aos esforços da Organização Mundial da Saúde para reduzir a desnutrição entre as camadas mais pobres, este livro serve como lição de vida e sugestão. O Brasil tem um ouro verde desperdiçado. Seja nas extensas plantações ou bem ali, dentro do nosso quintal. Basta estender o braço e colocar as mãos na massa. Ou melhor, na biomassa...

Como evitar a extinção

Sediados na França, pesquisadores da Rede Internacional para o Aprimoramento da Banana causaram comoção mundial ao anunciar na revista *New Scientist* que a banana estaria extinta em uma década, vitimada por ataques sistemáticos de fungos. A reação, porém, não tardou. Especialistas de diversos países foram unânimes em afirmar que o problema tem solução. Para enfrentá-lo, o Instituto Brasileiro de Frutas (Ibraf) e a Food and Agriculture Organization (FAO) sugerem o plantio de variedades resistentes de bananas. Providências nesse sentido, já em andamento em algumas áreas de São Paulo, o maior produtor nacional, contribuem para impedir seu desaparecimento. Em Registro, por exemplo, a nanica, bastante suscetível à sigatoka negra, foi substituída em muitos locais por tipos mais fortes como a mysore, a pioneira e a nhangambi.

Acentuar os controles preventivos e aperfeiçoar os genes da espécie, em que pese a polêmica questão dos transgênicos, também representam alternativas viáveis.[20] Essas medidas vêm

---

[20] "Troca de variedades reduz problemas com ataque de fungos", em *O Estado de S. Paulo*, Suplemento Agrícola, São Paulo, 5-2-2003, p. G7.

sendo empregadas com sucesso no leste da África, onde bananas cozidas constituem alimento básico, produzidas em milhares de pequenas culturas de subsistência. Ali Philippe Vain, do Centro John Innes de Norfolk, Inglaterra, conseguiu que a banana *matooke* não sucumbisse aos nematoides, diminutos vermes finos e alongados. Para tanto, pesquisou a bactéria *Agrobacterium tumefaciens*, portadora de um gene de arroz que a protege contra a praga. Inserido em mudas da fruta, o gene cria a proteína cistatina, que bloqueia uma enzima imprescindível para a digestão dos parasitas. Como consequência, eles "morrem" de fome antes de se reproduzirem, rompendo-se assim o ciclo da infecção. E a banana cavendish, igualmente popular, e sua prima tropical, a banana-da-terra, também já foram modificadas por meio de engenharia genética.[21]

Os consumidores, portanto, podem ficar tranquilos. Eles terão, no máximo, de se acostumar com diferentes qualidades de bananas. O fato é que as futuras gerações continuarão a saborear no dia a dia, seja ao natural ou em pratos feitos com a biomassa, a incomparável *Musa*.

---

[21] Andy Coghlan, "Engenharia genética pode salvar as bananas da extinção", em *New Scientist*, http://noticias.uol.com.br/inovacao/ultimas/ult762u1047.jhtm.

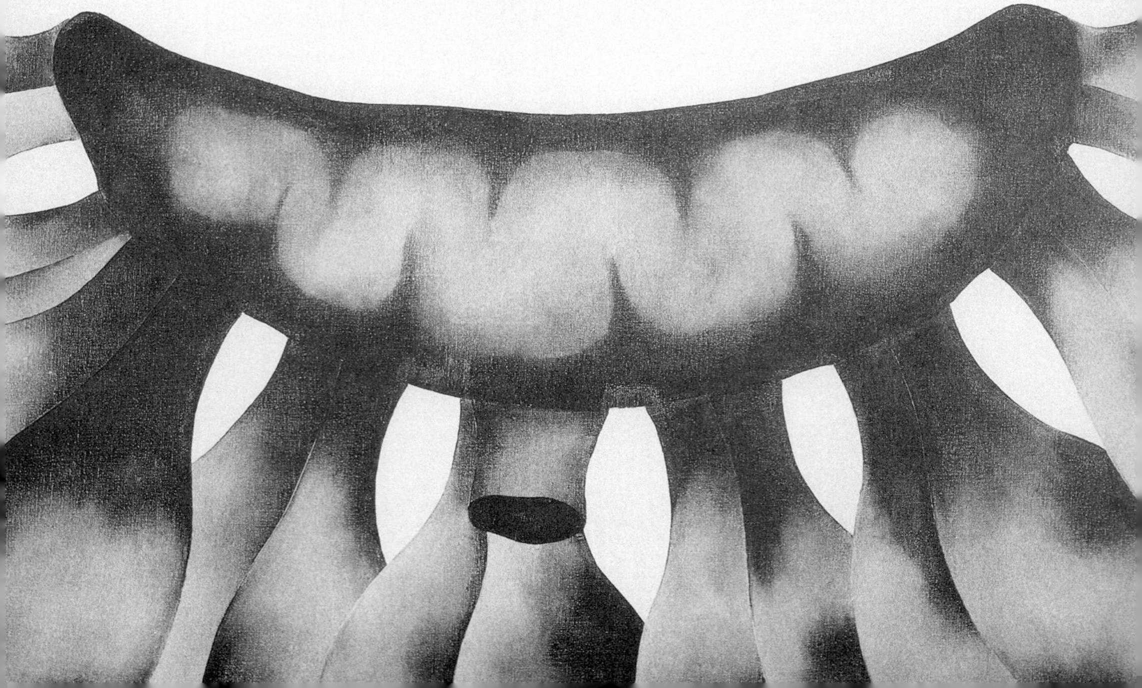

Propriedades funcionais
da banana verde

A banana é uma das frutas mais consumidas em todo o mundo. Sua produção concentra-se na maioria dos países tropicais, e sua cultura é considerada, mundialmente, a quarta cultura de alimento mais importante, ficando apenas atrás do arroz, do milho e do leite.

O cultivo dessa fruta se estende de norte a sul do Brasil, com grande expressão econômica e elevado alcance social. Por ser uma cultura versátil, torna-se possível em diferentes ambientes, durante todo o ano, o que mantém o solo fértil, interessante para os pequenos produtores, que utilizam essa fruta como recurso adicional. Em nosso país, a produção de banana está estimada em 6 milhões de toneladas anuais, o que confere a ela papel fundamental como alimento e cultura fixadora de mão de obra no meio rural.

No Brasil, existe grande diversidade de espécies de bananas. Porém, quando levamos em conta aspectos como preferência dos consumidores, produtividade, tolerância a pragas e doenças e resistência à seca e ao frio, as variedades com potencial agronômico para cultivo comercial tornam-se limitadas. As variedades mais difundidas no nosso país são as do grupo prata (prata, pacova e prata-anã), do grupo nanica (nanica, nanicão e grande Naine) e maçã.

Segundo estudos, a banana é fonte de minerais e um importante componente da alimentação no mundo todo. O sabor que ela tem é um dos seus mais importantes atributos. A polpa verde PE é caracterizada por uma forte adstringência por causa da presença de alguns compostos fenólicos solúveis, principalmente os taninos. Conforme a fruta amadurece, ocorre a polimerização desses compostos, e, por consequência, diminui essa adstringência, aumentando o sabor doce e reduzindo a acidez. A composição da banana muda drasticamente durante o processo de amadurecimento. Neste o amido contido nela sofre importantes modificações, isto é, seu teor cai, em média, de 70% a 80% no pré-climatério (antes de sua hidrólise) para 1% no período final do climatério, enquanto o teor dos açúcares, principalmente da sacarose, se acumula em cerca de 10% do peso do fruto.

Parâmetros comparativos entre a banana verde e a madura da variedade taiwan

Parâmetros	Resultados (%) banana verde	Resultados (%) banana madura
Proteínas	5,3	5,52
Lipídios	0,78	0,68
Fibra bruta	0,49	0,3
Cinzas	3,27	4,09
Amido	62,0	2,58
Sacarose	1,23	53,2
Açúcares redutores	0,24	33,6

Fonte: C. Y. Lii et al., "Investigation of the Physical and Chemical Properties of Banana Starches", em *Journal of Food Science*, 1982.

O Brasil, um dos maiores produtores mundiais de bananas, é também um dos países que mais desperdiçam essa fruta, graças a técnicas inadequadas de colheita e pós-colheita e a sistemas impróprios de transporte e armazenamento, o que compromete a qualidade do produto. Colabora também para esse desperdício o fato de não haver muitas alternativas de industrialização dessa fruta, embora a banana seja um alimento facilmente encontrado em diversas regiões do planeta. Uma alternativa comercial para diminuir esse desperdício consiste na utilização da banana verde.

A banana verde, no cozimento, perde tanino (responsável pela sua adstringência), e a polpa obtida permite a elaboração de vários alimentos, como pães, massas, patês e maionese, o que ressalta a importância dessa polpa como matéria-prima. Sua utilização em alimentos é bastante vantajosa, pois não altera o sabor deles, aumenta a quantidade de fibras dietéticas, proteínas e nutrientes, além de aumentar o rendimento dos produtos.

Um estudo realizado por Cardenette, no qual foram analisadas as quantidades de amido resistente, de amido disponível e de amido total, mediante diferentes formas de cocção de banana verde para obtenção de biomassa, mostrou que cozinhar a banana na pressão, com casca, em água e com refrigeração posterior, ajuda a preservar a quantidade de amido resistente contido nesse alimento, fato que se atribui principalmente à permanência da casca no momento da cocção.

Já a farinha de banana verde, obtida da biomassa do fruto, mostrou-se fonte alimentar de alguns minerais importantes para a manutenção de uma boa saúde, como cálcio, ferro, magnésio, zinco e fósforo, com traços de cobre, manganês e sódio. Segundo Zandonadi, essa farinha também contém vitamina C e quantidades razoáveis de vitaminas A, B1 e B2.[22]

---

[22] R. P. Zandonadi, *Massa de banana verde: uma alternativa para exclusão do glúten*, tese de doutorado (Brasília: Faculdade de Ciências da Saúde – UnB, 2009).

Aspectos funcionais do amido resistente

O amido resistente é definido, fisiologicamente, como a soma do amido e dos produtos da sua degradação, os quais não são digeridos nem absorvidos no intestino delgado de indivíduos sadios. Por esse motivo, apresenta comportamento similar ao da fibra alimentar, relacionado a efeitos benéficos locais (principalmente no intestino grosso) e sistêmicos, por meio de alguns mecanismos. A tabela a seguir mostra as quantidades de amido resistente em diferentes apresentações da banana verde.

Quantificação de amido resistente em banana verde crua e massa de banana verde

Alimento	% de amido resistente em base seca
Banana verde crua	53,5
Massa de banana verde cozida na pressão, com casca, em água e sob refrigeração	10,5

Fonte: G. H. L. Cardenette, *Produtos derivados de banana verde* (Musa spp.) *e sua influência na tolerância à glicose e na fermentação colônica*, tese de doutorado (São Paulo: Faculdade de Ciências Farmacêuticas da USP, 2006).

Ação prebiótica e probiótica do amido resistente

O principal benefício atribuído ao amido resistente consiste em seu papel fisiológico, pois fica disponível como substrato para fermentação pelas bactérias anaeróbias do cólon (bacteroides, eubactérias, bifidosbactérias e *Clostridium*), que constituem 99% da flora intestinal humana, razão pela qual é considerado um "agente prebiótico". Agente prebiótico é todo ingrediente alimentar que não é possível digerir e que afeta de maneira benéfica o organismo por estimular seletivamente o crescimento e/ou a atividade de um número limitado de bactérias do cólon, modificando a composição da microbiota colônica de tal forma que as bactérias com potencial de manter a saúde tornam-se predominantes.

Como produto dessa fermentação, obtemos os ácidos graxos de cadeia curta (AGCCs) – acético, propiônico e butírico – além de gases como hidrogênio, dióxido de carbono e metano, sendo cerca de 20% excretados pela respiração. Outra atribuição da banana verde é o seu efeito probiótico: alguns estudos realizados em animais foram capazes de comprovar aumento no número de lactobacilos, que são bactérias probióticas presentes no intestino, mesmo na ausência de probióticos.

Outro ponto bastante favorável com relação à fermentação que o amido resistente sofre é discutido em um estudo feito por Schulz, Amelsvoort e Beynen em ratos,[23] o qual mostrou que a fermentação ácida no ceco aumenta a absorção de cálcio e magnésio no intestino, o que auxilia na prevenção e no tratamento de doenças como osteopenia e osteoporose. Após dois anos da realização desse estudo, outro grupo de pesquisadores franceses realizou novo estudo a respeito do assunto e comprovou os resultados já demonstrados.[24]

Tendo em vista que a banana verde apresentou tanto propriedades probióticas como prebióticas, podemos considerá-la um simbiótico, que consiste na combinação de culturas probióticas com ingredientes prebióticos, possibilitando a sobrevivência da bactéria probiótica nos alimentos e nas condições do meio gástrico e sua ação no

---

[23] A. G. M. Schulz, J. M. M. van Amelsvoort, A. C. Beynen, "Dietary Native Resistant Starch but Not Retrograded Resistant Starch Raises Magnesium and Calcium Absorption in Rats", em *J. Nutr.*, 123, 1993.

[24] H. Younes *et al.*, "Acid Fermentation in the Caecum Increases Absorption of Calcium and Magnesium in the Large Intestine of the Rat", em *Bri. J. Nutr.*, 75, 1995.

intestino grosso. Os efeitos desses ingredientes podem ser ainda adicionados ou sinérgicos.

Amido resistente e câncer colorretal

Os AGCCs, produzidos da fermentação do amido resistente, quando absorvidos colaboram para o *pool* de energia disponível do indivíduo, podendo protegê-lo de mudanças patológicas na mucosa do cólon. Outro ponto importante é que uma concentração mais elevada desses ácidos graxos auxilia na manutenção do pH adequado nesse local, fator muito importante para a expressão de muitas enzimas bacterianas sobre compostos estranhos e sobre o metabolismo de carcinógenos da própria dieta no intestino. Além da manutenção do pH, ocorre também aumento do bolo fecal, contribuindo para a diluição de compostos tóxicos que poderiam levar ao surgimento de câncer.

Estudos mostram que a suplementação de amido resistente nas dietas aumentou a concentração de butirato, uma fonte de energia importante para as células epiteliais do cólon. Esse aumento na concentração do butirato pode prevenir alguns tipos de doenças colônicas, como a colite ulcerativa, uma doença provocada por deficiência de energia. Ainda são atribuídos ao butirato a supressão do desenvolvimento de células cancerígenas e o aumento na proliferação de células da mucosa intestinal, contribuindo para a diminuição do risco de câncer de cólon.

Constipação, diarreia e doenças colônicas

Em algumas comunidades, observa-se que o uso de farinha da banana verde tem sido bastante frequente em tratamentos populares de diversas desordens intestinais, como diarreia, dispepsia e úlcera péptica. O possível mecanismo pelo qual o amido resistente (AR) presente na banana verde atuaria nessas desordens seria o de promover uma ação benéfica na microbiota colônica, por meio de uma ação prebiótica.

Foi realizado um estudo em uma comunidade rural de Bangladesh com 2.968 crianças entre 6 e 36 meses, divididas em dois grupos, sendo em um deles introduzida a farinha de banana verde associada ao tratamento convencional durante 14 dias. O resultado obtido nesse estudo mostrou que a suplementação com banana verde acelerou a recuperação do quadro de diarreia aguda em que as crianças se encontravam.

A ingestão de amido resistente faz com que ocorra aumento no bolo fecal formado no intestino, fato importante para prevenir constipação, diverticulite e hemorroidas. A porção de amido resistente que acaba "escapando" do processo de digestão constitui uma grande fonte de carboidratos fermentáveis, que servem de nutriente para a microflora do cólon.

Índice glicêmico (IG) e resposta insulinêmica

O índice glicêmico (IG) é a medida do impacto relativo do carboidrato presente nos alimentos na concentração da glicose plasmática. Portanto, devemos considerar que um alimento tem alto IG quando este provoca maior aumento na resposta glicêmica, enquanto o alimento que está associado a uma menor resposta glicêmica tem menor IG.

As propriedades físico-químicas que o amido resistente apresenta levam pesquisadores a acreditar na hipótese de que a ingestão desse amido poderia diminuir a glicose pós-prandial e a resposta insulinêmica de uma refeição. Devemos considerar também que o consumo do amido resistente na dieta possivelmente evitaria o desenvolvimento, ou ainda, melhoraria o quadro de resistência periférica à ação da insulina por causa da hiperglicemia pós-prandial e a hiperinsulinemia frequente. Esse quadro de resistência leva o indivíduo a ter uma menor *captação* de glicose no músculo e maior em tecido adiposo, além de aumentar a quantidade de ácidos graxos livres no plasma. Atualmente, especialistas reconhecem que a hiperinsulinemia é um fator-chave no desenvolvimento de doenças crônicas, como diabetes tipo 2, obesidade e doenças cardiovasculares, incluindo dislipidemias e hipertensão.

Amido resistente no tratamento de dislipidemia

Entre os AGCCs produzidos na fermentação do amido resistente pelas bactérias probióticas do intestino, temos o propianato, que, por não ser muito utilizado pelas células intestinais como o butirato, é absorvido e transportado através da veia porta. Ao chegar ao fígado, grande parte é utilizada como substrato para gliconeogênese, ou seja, para formação de energia, e para inibir a síntese de colesterol endógeno, auxiliando assim na diminuição dos níveis de colesterol.

Um estudo duplo-cego avaliou o efeito do amido resistente na dieta (dose de 24 g/dia) de indivíduos saudáveis com sobrepeso por 21 dias. Não foram observadas alterações significativas no peso desses indivíduos, porém se constatou significativa redução no colesterol sérico, no LDL--colesterol e na glicose plasmática, além de os pacientes estudados considerarem que essa dieta é palatável e proporciona um mínimo de desconforto gástrico.

Amido resistente na regulação da saciedade

O amido resistente possui uma propriedade bastante parecida com a fibra solúvel, que consiste em aumentar a saciedade do indivíduo por diversos motivos. Um deles é prolongar as concentrações plasmáticas de um hormônio chamado colecistocinina responsável por aumentar o tempo de trânsito do alimento no trato digestório, o que faz com que a pessoa se sinta saciada por mais tempo, além de diminuir a absorção de gorduras.

Além desse efeito, alguns estudos em ratos demonstram evidências de que a utilização diária de amido resistente na alimentação teria efeito na expressão de algumas enzimas lipogênicas e na forma do tecido adiposo. Porém, os estudos em seres humanos ainda são inconclusivos. O mecanismo de ação possível para que ocorra essa expressão seria que os AGCCs, ao chegar ao fígado, inibem a glicólise e a glicogenólise, além de aumentar a oxidação de ácidos graxos, favorecendo a mobilização da gordura presente nos adipócitos.

Conclusão

Com base em todos os estudos e mecanismos de ação descritos no decorrer deste capítulo, podemos perceber que a banana verde, além de ser uma fonte de nutrientes importantes para garantir um bom funcionamento do organismo, também exerce funções que auxiliam na prevenção e tratamento de diversas doenças que afetam uma parte considerável da população nos tempos de hoje, como doenças crônicas (diabetes tipo 2, obesidade, doenças cardiovasculares), câncer e quadros de diarreia, justamente pelo fato de esse alimento exercer função simbiótica no intestino, repovoando-o com bactérias probióticas e dando substrato para que essas bactérias possam se *proliferar*. A banana verde também é uma alternativa econômica bastante vantajosa porque grande parte da produção de banana em nosso país acaba se perdendo pela fragilidade dessa fruta.

DRA. GABRIELA ANDRELLO PASCHOAL
Nutricionista, graduada pelo Centro Universitário São Camilo. Pós-graduanda em Nutrição Clínica Funcional pelo Centro Valéria Paschoal/ Divisão de Pesquisa e Ensino. Coordenadora Científica da *Revista Brasileira de Nutrição Funcional*. Nutricionista do Departamento Científico da VP Consultoria Nutricional e Personal Diet.
www.vponline.com.br

Referências bibliográficas

ALENCAR, José de. *Sonhos d'ouro*. Rio de Janeiro: José Olympio, 1951.
ALVES, Élio José. *Cultivo de bananeira tipo terra*. Cruz das Almas: Embrapa Mandioca e Fruticultura, 2001.
ANNUAL Report on Bananas and Plantains. Montpellier: International Network for the Improvement of Banana and Plantain (Inibap), 1993.
BARRETO, Ronaldo Lopes Pontes. *Passaporte para o sabor*. São Paulo: Editora Senac São Paulo, 2001.
BENEVIDES-BARAJAS, L. *La conquista de los tropicales y otros frutos exóticos*. Madri: Dulcinea, 1998.
BORGES, A. M. *et al*. "Caracterização da farinha de banana verde". Em *Ciênc. Tecnol. Alim.*, 29 (2), abr.-jun. 2009.
BORGES, M. T. M. R. *Potencial vitamínico da banana verde e produtos derivados*. Tese de doutorado. Campinas: Faculdade de Engenharia de Alimentos - Unicamp, 2003.
BURTON-FREEMAN, B. "Dietary Fiber and Energy Regulation". Em *J. Nutr.* 130, 2000.
CÂMARA CASCUDO, Luís da. *História da alimentação no Brasil*. 2 vols. São Paulo: Nacional, 1967.
_____. *História dos gestos*. Belo Horizonte/São Paulo: Itatiaia/Edusp, 1987.
CANSTATT, Oscar. *Brasil, a terra e a gente*. Trad. Eduardo Lima e Castro. Rio de Janeiro: Pongetti, 1954.
CARDENETTE, G. H. L. *Produtos derivados de banana verde (*Musa spp.*) e sua influência na tolerância à glicose e na fermentação colônica*. Tese de doutorado. São Paulo: Faculdade de Ciências Farmacêuticas da USP, 2006.

CARDIM, Fernão. *Tratados da terra e gente do Brasil*. Rio de Janeiro: J. Leite, 1925.

CHAMPION, J. *El plátano*. Barcelona: Blume, 1975.

DEBRET, Jean-Baptiste. *Viagem pitoresca e histórica ao Brasil*. vol. II. Trad. Sérgio Milliet. São Paulo: Martins, 1940.

DURÃO, José de Santa Rita. *Caramuru: poema épico do descobrimento da Bahia*. Rio de Janeiro: Maximiliano da C. Honorato, 1878.

ENCICLOPEDIA de la alimentación y la dietética. Madri: Luis Miracle/Argos Vergara, 1979.

FASOLIN, L. H. *et al*. "Biscoitos produzidos com farinha de banana: avaliações química, física e sensorial". Em *Ciênc. Tecnol. Alim.*, 27 (3), jul.-set. 2007.

FISBERG, Mauro *et al*. *Um, dois, feijão com arroz: a alimentação do Brasil de norte a sul*. São Paulo: Ateneu, 2002.

FLORENCE, Hercules Romuald. *Viagem fluvial do Tietê ao Amazonas de 1825 a 1829*. São Paulo: Cultrix, 1977.

GANDAVO, Pero de Magalhães. *História da província Santa Cruz*. Rio de Janeiro: Anuário do Brasil, 1924.

GOWEN, S. R. *Bananas and Plantations*. Londres: Chapman & Hall, 1995.

HIGGINS, J. A. "Resistant Starch: Metabolic Effects and Potential Health Benefits". Em *J. of AOAC International*, 87 (3), 2004.

IZIDORO, D. R. *Influência da polpa de banana* (Musa cavendishii) *verde no comportamento reológico, sensorial e físico-químico de emulsão*. Dissertação de mestrado. Paraná: Setor de tecnologia da UFPR, 2007.

_____ *et al*. "Influence of Green banana pulp on the rheological behavior and chemical characteristics of emulsions (mayonnaises)". Em *LWT*, v. 41, 2008.

JENKINS, D. J. A. *et al*. "Physiological Effects of Resistant Starch on Fecal Bulk, Short Chain Fatty Acids, Blood Lipid and Glycemic Index". Em *Journal of the Am. College of Nutr.*, 17 (6), 1998.

JENKINS, Virginia Scott. *Bananas: an American History*. Washington/Londres: Smithsonian Institution Press, 2000.

LÉRY, Jean de. *Viagem à terra do Brasil*. Trad. Sérgio Milliet. São Paulo: Martins, 1945.

LII, C. Y. *et al*. "Investigation of the Physical and Chemical Properties of Banana Starches". Em *Journal of Food Science*, 1982.

LOBO, A. R. & LEMOS SILVA, G. M. "Amido resistente e suas propriedades físico-químicas". Em *Rev. Nutr.*, 16 (2), abr.-jun. 2003.

LUCCOCK, John. *Notas sobre o Rio de Janeiro e partes meridionais do Brasil*. Trad. Milton da Silva Rodrigues. São Paulo: Martins, 1942.

MATSUURA, F. C. A. U. *et al*. "Marketing de banana: preferências do consumidor quanto aos atributos de qualidade dos frutos". Em *Rev. Bras. Frutic.*, 26 (1), abr. 2004.

MEDEIROS, M. J. *et al*. "Composição química de misturas de farinha de banana verde com castanha-do-brasil". Em *Rev. Inst. Adolfo Lutz*, 69 (3), 2010.

ORNELLAS, Lieselotte Hoeschl. *A alimentação através dos tempos*. Florianópolis: Editora da UFSC, 2000.

PARK, O. J. *et al*. "Resistant Starch Supplementation Influences Blood Lipid Concentration and Glicose Control in Overweigh Subjects". Em *J. Nutr. Sci. Vitaminol.*, 50 (2), abr. 2004.

PEREIRA, K. D. "Amido resistente, a última geração no controle de energia e digestão saudável". Em *Ciênc. Tecnol. Alim.*, 27 (supl.), ago. 2007.

PERERA, L. & PAZINATO, B. C. *Banana: alimento saboroso e nutritivo*. Campinas: Coordenadoria de Assistência Técnica Integral – Secretaria de Agricultura e Abastecimento do Estado de São Paulo, 1989.

PISO, Guilherme. *História natural e médica da Índia Ocidental*. Trad. Mário Lobo Leal. Rio de Janeiro: Instituto Nacional do Livro, 1957.

RABBANI, G. H., *et al*. "Clinical Studies in Persistent Diarrhea: Dietary Management with Green Banana or Pectin in Bangladeshi Children". Em *Gastroenterology*, 121, 2001.

_____ *et al*. "Green Banana-supplemented Diet in the Home Management of Acite and Prolonged Diarrhea in Children: a Community-based Trial in Rural Bangladesh". Em *Trop. Med. Int. Health.*, 15 (10), 2010.

SAAD, S. M. I. "Probióticos e prebióticos: o estado da arte". Em *Rev. Bras. Ciênc. Farm.*, 42 (1), 2006.

SAINT-HILAIRE, Auguste. *Viagem às nascentes do rio São Francisco e pela província de Goiás*. Coleção Brasiliana, vol. 68. Trad. Clado Ribeiro de Lessa. São Paulo: Nacional, 1937.

_____. *Viagem pelo distrito dos diamantes e litoral do Brasil*. Coleção Brasiliana, vol. 210. Trad. Leonam de Azevedo Pena. São Paulo: Nacional, 1941.

SALGADO, S. M. *et al*. "Aspectos físico-químicos e fisiológicos do amido resistente". Em *Boletim do Ceppa*, 23 (1), 2005.

SANTOS, J. F. *Avaliação das propriedades nutricionais de barras de cereais elaboradas com farinha de banana verde*. Tese de mestrado. São Paulo: Faculdade de Ciências Farmacêuticas da USP, 2010.

SAVARIN, Brillat. *A fisiologia do gosto*. Rio de Janeiro: Salamandra, 1989.

SCHMIDT, Max. *Estudos de etnologia brasileira*. Rio de Janeiro: Imprensa Nacional, 1938.

SCHULZ, A. G. M. *et al*. "Dietary Native Resistant Starch but Not Retrograded Resistant Starch Raises Magnesium and Calcium Absorption in Rats". Em *J. Nutr.*, 123, 1993.

SGARBIERI, Valdemiro. *Alimentação e nutrição*. São Paulo: Almed, 1987.

SILVA, F. M. *et al*. "Papel do índice glicêmico e da carga glicêmica na prevenção e no controle metabólico de pacientes com diabetes melito tipo 2". Em *Arq. Bras. Endocrinol. Metab.*, 53 (5), 2009.

SIMMONDS, N. W. *Bananas*. Londres: Longman, 1959.

SOUSA, Gabriel Soares de. *Tratado descritivo do Brasil em 1587*. Coleção Brasiliana, vol. 117. São Paulo: Nacional, 1938.

SPIX, Johann Baptist von & MARTIUS, Carl Friedrich Philipp von. *Viagem pelo Brasil*. São Paulo: Nacional, 1938.

STEFE, C. A. *et al*.. "Probióticos, prebióticos e simbióticos – artigo de revisão". Em *Rev. Saúde Amb.*, 3 (1), 2008.

TASCO, A. M. *et al*. *Alimentos: diga não ao desperdício*. São Paulo: Secretaria de Abastecimento do Estado, 1990.

TOPPING, D.L. *et al*. "Resistant Starch as a Prebiótico and Symbiotic: State of the Art". Em *Proceedings of the Nutrition Society*, 62, 2003.

WALTER, M. *Amido resistente: metodologias de quantificação e resposta biológica em ratos*. Dissertação de mestrado. Santa Maria: Centro de Ciências Rurais da UFSM, 2005.

YOUNES, H. *et al*. "Acid Fermentation in the Caecum Increases Absorption of Calcium and Magnesium in the Large Intestina of the Rat". Em *Bri. J. Nutr.*, 75, 1995.

ZANDONADI, R. P. *Massa de banana verde: uma alternativa para exclusão do glúten*. Tese de doutorado. Brasília: Faculdade de Ciências da Saúde - UnB, 2009.

A BIOMASSA

Os pilotos de prova do Grande Hotel São Pedro

A biomassa de banana verde foi submetida a um teste decisivo na cozinha oficial do Grande Hotel São Pedro – esse que, integrante do Senac de São Paulo e localizado no município de Águas de São Pedro, na região de Piracicaba, tem prestígio internacionalmente reconhecido. A autora Heloisa de Freitas Valle comandou aí a execução de diversos pratos, doces e salgados, que tiveram por matéria-prima a polpa de banana verde utilizada da maneira por ela prescrita. *Chefs* e cozinheiros monitores do hotel acompanharam o processo passo a passo de preparo da biomassa e de elaboração das receitas conforme são apresentadas neste livro. Valeu aprovação com louvor dos profissionais da cozinha.

Grande Hotel São Pedro

Ao centro, a autora Heloisa de Freitas Valle; da esquerda para a direita, Alessandro Paiva dos Santos (cozinheiro monitor), Joaquim Alves de Almeida (cozinheiro monitor), Vanderlei José Saia (chefe da confeitaria), Osvaldo dos Santos Teixeira (cozinheiro monitor).

Processo artesanal da biomassa de banana verde

Início do processamento artesanal da biomassa de banana verde e biomassa com fibra

↓

Após o despencamento, lavagem da banana verde uma a uma

↓

Cozimento do fruto integral, casca e polpa em panela de pressão por 20 min

↓

Separação da casca e da polpa, com o fruto ainda quente

↓

Moagem da polpa em máquina ou processador elétrico inoxidável

↓

Ramo 1:

Tratamento enzimático da biomassa P (de polpa)

↓

Utilização na culinária nos seguintes pratos

↓

Pães os mais diversos

↓

Bolos de todas as qualidades

↓

Outros produtos (panificadora e confeitaria)

1. Biscoitos diversos
2. Massa de pizza
3. Massa de pastel
4. Massa de torta
5. Rissoles
6. Coxinha
7. Sonhos
8. Massa de empadinha
9. Massa p/ docinhos de chocolate, de amendoim, beijinhos e outros
10. Diversos tipos de patês
11. Diversos tipos de molhos prontos
12. Diversos sabores de musses
13. Recheio para bombas
14. Pão de mel
15. Pudim de leite condensado
16. Pudim de chocolate
17. Sorvetes de diversos sabores

Ramo 2:

Mistura da casca moída com variados produtos

↓

Biomassa de casca de banana verde, a biomassa F (de fibra)

↓

Utilização na culinária salgada para cardápios exóticos, deliciosos e supernutritivos

↓

Massas para nhoque, macarrão, lasanha, rissole, empadas e empadões, tortas, pizzas, vatapá, cuscuz, feijoada

↓

1. Patês de variados tipos e sabores
2. Hambúrguer, almôndegas
3. Quibes, esfihas, croquetes
4. Linguiças e salsichas
5. Carne de banana
6. Estrogonofe
7. Pudins de legumes, palmitos, etc.
8. Sopas deliciosas
9. Peixes
10. Recheios salgados variados
11. Maioneses
12. Mingau de fibra de diversos sabores

Sobremesas

Pudins dos mais variados sabores Quindins, bombocados, cocadas, queijadinhas, doce de leite, chocolates crocantes, sorvetes de todos os sabores Pavês de diversos sabores, doces de massas diversas, panquecas doces ou salgadas, recheios de trufas, etc.

Na água previamente fervida, cozinhe as bananas verdes.

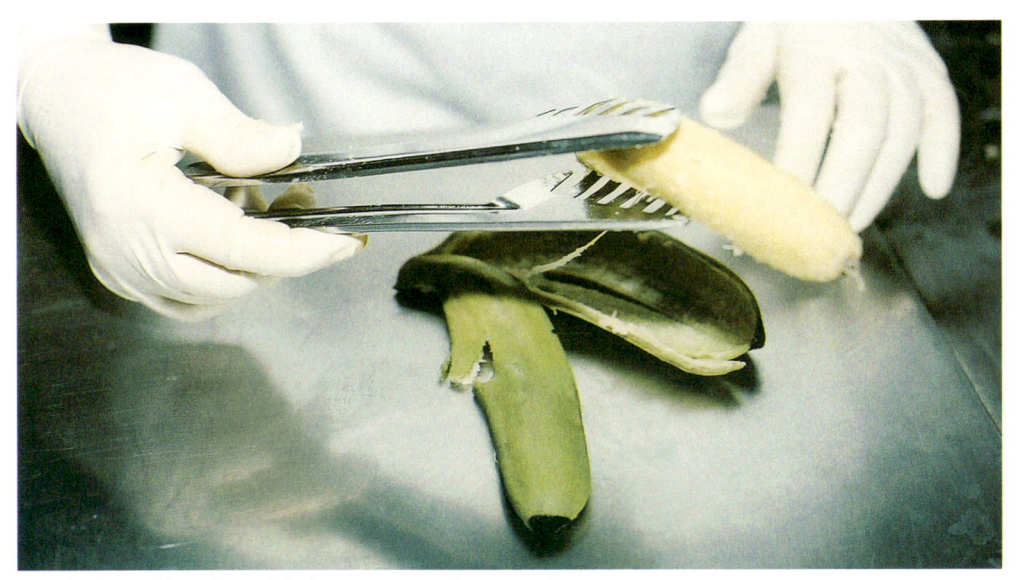

Depois de cozidas, tire, cuidadosamente, as bananas da casca.

Processamento da banana verde passo a passo

1. Lave as bananas verdes com casca, uma a uma, utilizando esponja com água e sabão e enxágue bem.
2. Numa panela de pressão com água fervente (para criar choque térmico), cozinhe as bananas verdes com casca, cobertas com água, por 20 minutos.
3. Desligue o fogo após os primeiros 8 minutos, e deixe que a pressão continue cozinhando as bananas.
4. Espere o vapor escapar naturalmente. Não force o processo abrindo a panela debaixo da água da torneira, por exemplo.
5. Ao término do cozimento, mantenha as bananas na água quente da panela.
6. Vá aos poucos tirando a casca da polpa, que deve ser passada imediatamente no processador. É importante que a polpa esteja bem quente, para não esfarinhar. O produto que sai do processador é a biomassa bruta da polpa.
7. Corte então as extremidades das cascas de banana que sobraram e deixe de molho em água com suco de limão entre 30 e 40 minutos.
8. Agora faça a biomassa que desejar com o processador elétrico.

Resumo de biomassas

P = biomassa de polpa
F = biomassa de fibra (casca)
I = biomassa integral (casca e polpa)

DICA: Essas três biomassas brutas podem ser transformadas em biomassas especiais com acréscimo de leite ou de água.

Biomassa P (de polpa)

1. Coloque a quantidade desejada da polpa cozida quentíssima no processador.
2. Processe até obter uma pasta bem espessa.
3. Se não for utilizar imediatamente, guarde a polpa em saco plástico hermeticamente fechado na geladeira, onde se conservará por no máximo 8 dias.
4. Pode ser guardada por 3 a 4 meses no congelador, mas necessitará de um reprocessamento.

Biomassa F (de fibra, utilizando a casca da banana verde)

1. Depois de cozidas, retire as cascas das bananas e coloque-as em uma solução previamente preparada de 1 ℓ de água com o suco de 2 limões.
2. As cascas deverão permanecer nessa solução por um período mínimo de 30 a 40 minutos. Depois poderão passar pelo processador elétrico. O produto resultante é a biomassa de fibra.
3. Para fazer a casca picadinha, repita o processo das etapas 1 e 2. Após o tratamento, segure as cascas empilhadas e corte-as em pedacinhos a seu gosto, com tesoura ou com faca inox, e utilize-as como legume, em viradinhos, farofas etc.
4. Para seu uso em patês e molhos, é interessante utilizar o processador elétrico. Na falta deste, use máquina de moer carne inoxidável.
5. Se desejar a biomassa F mais encorpada, leve o conteúdo do processador ao fogo até engrossar ao ponto desejado.

DICA: A casca picada conserva-se por mais de 60 dias congelada em vasilhas ou sacos plásticos fechados. Descongeladas, poderão ser refogadas e utilizadas em receitas diversas.

Antes de descascar as bananas, corte as suas extremidades.

Cortes as cascas já separadas e empilhadas em pedacinhos para serem utilizadas como legumes.

Biomassa P bruta (de polpa).

Processamento da biomassa bruta.

Massa fina de volta ao fogo – o resultado é a biomassa E (especial).

Biomassa I (integral, usando polpa e casca)

1. Coloque a casca de banana verde em uma vasilha com água com limão para tirar o residual da fervura. Não use vinagre, pois escurece a casca. Reserve.
2. Ponha a quantidade desejada de biomassa P ainda quentíssima no processador.
3. Pelo orifício da tampa vá jogando as cascas de banana verde previamente picadas e tratadas na solução de limão.
4. Bata bem até obter uma pasta espessa, homogênea e esverdeada. Se estiver mole, pode voltar com ela ao fogo para engrossar ao ponto desejado.

Biomassa E (especial de leite ou de água)

1. Separe a biomassa bruta P (de polpa), F (de fibra) ou I (integral) na quantidade desejada e coloque em uma panela com o triplo de leite ou de água (receita básica). A quantidade de leite ou de água pode variar conforme a receita.
2. Leve ao fogo mexendo sempre até levantar fervura.
3. Despeje essa mistura no liquidificador e bata até obter uma massa fina e volte com ela ao fogo.
4. Mexa sempre para engrossar no ponto desejado.
5. Tire do fogo e deixe esfriar.
6. Depois de fria, a biomassa especial pode ser guardada na geladeira em uma vasilha de plástico ou vidro bem tampada por 10 dias. No congelador a durabilidade é de até 60 dias.

DICA: Só faça a biomassa especial de leite para utilização imediata. Caso contrário, prefira a biomassa especial de água.

Como reprocessar a biomassa retirada do congelador

1. Coloque a biomassa congelada por 9 minutos na regulagem "descongelar" do micro-ondas.
2. Se possível, retire o invólucro em que foi embrulhada.
3. Ponha a biomassa em uma vasilha refratária junto com 1 xícara (café) de água e volte com ela ao micro-ondas, na potência alta, por 2 minutos.
4. Se já descongelou e aqueceu bem, está no ponto certo. Senão, torne a ligar o micro-ondas na potência alta por mais 2 minutos, e assim sucessivamente, até que a biomassa esteja descongelada e *bem quente*.
5. Só nessas condições poderá ser levada ao liquidificador com 1 xícara (café) de água fervente, ou então ao processador sem a água, até virar uma pasta homogênea.
6. Em ambos os casos, bater bem para obter novamente a biomassa.
7. Na ausência de micro-ondas, descongele-a à temperatura ambiente, e depois leve-a ao fogo com a água do descongelamento mais 1 xícara (café) de água.
8. Mexa a biomassa sem parar até que desmanche totalmente.
9. Se quiser apurar o ponto, deixe-a ferver mais, mexendo sem parar.
10. Se possuir liquidificador, é interessante bater bem quente. Se quiser encorpar mais ainda, volte com ela ao fogo até engrossar no ponto desejado.

DICAS: Além de muita fibra, a casca picada e refogada contém proteína e tem sabor semelhante ao do cogumelo. É ideal para ser misturada no arroz ou na farofa, fazer viradinho de ovos, comer como verdura refogada ou em saladas.

A polpa de banana cozida não pode entrar em contato com alumínio nem ferro, pois irá escurecer. Por isso prefira panela de aço inoxidável. E, caso não possua processador nem liquidificador, use espremedor de batatas para amassá-la. Mas, se ele não for de aço inoxidável, esfregue-o com óleo de cozinha na hora de processar a polpa.

OBSERVAÇÕES: Nas receitas que seguem, a indicação "xícara" não se refere à xícara de chá caseira, mas sim à xícara do medidor convencional, exceto se especificado.

1 medida de biomassa corresponde a 1 lata de leite condensado.

"Forno médio alto" significa que a fôrma ou travessa deve ser colocada em forno médio, na grelha mais alta.

FOTOS DE PRATOS PREPARADOS COM BIOMASSA

Bolo econômico de chocolate

Nhoqueban maravilha

Pateban de frango

Cuscuz de frango

Arroz à brasileira

Musse de maracujá

Gelatina de morangoban

Torta de damascoban

Chocolate quente encorpado

Pão fareloban

RECEITAS

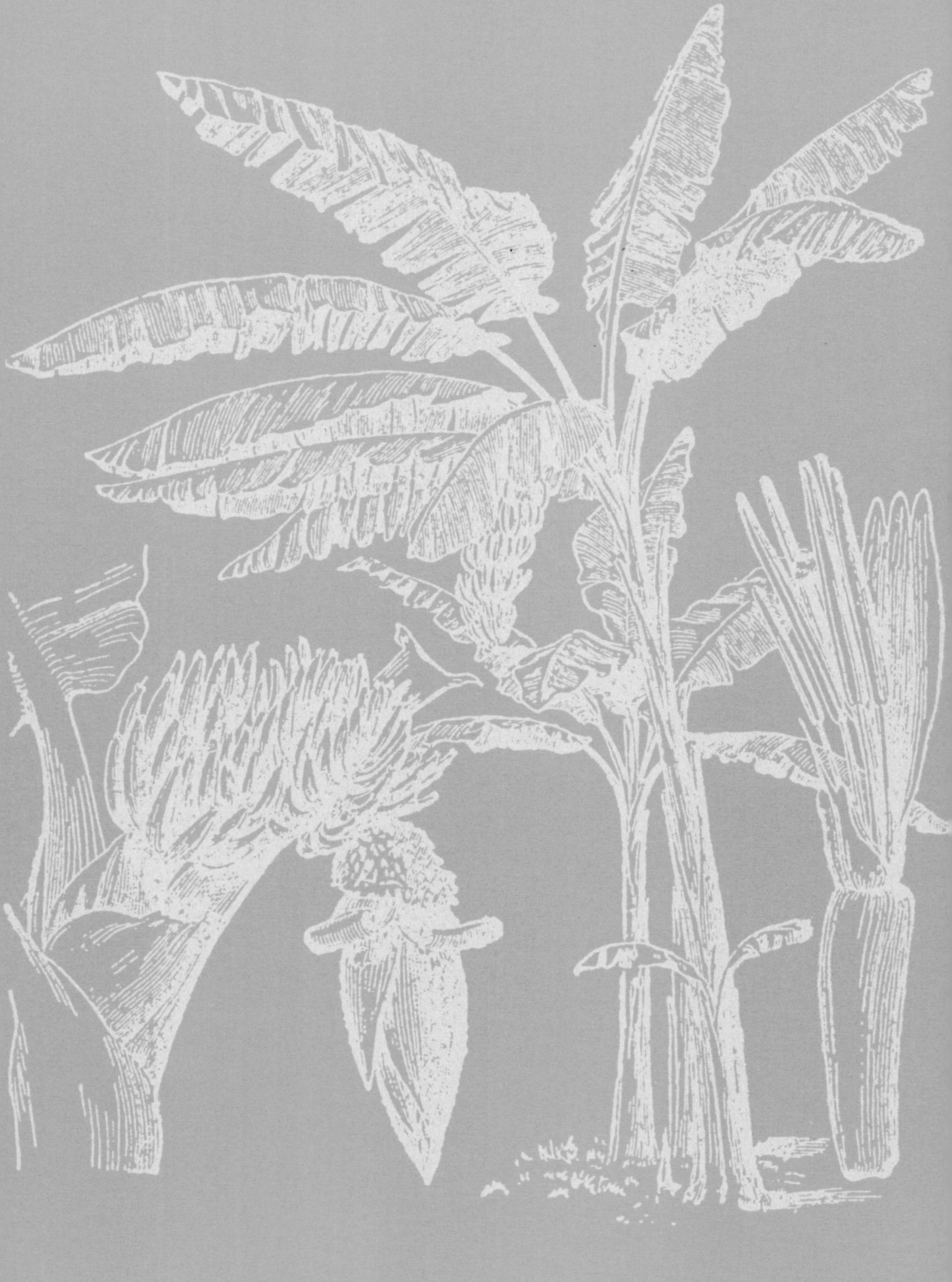

BEBIDAS

Café com leiteban

Ingredientes

½ xícara de biomassa P
4 xícaras de leite
1 xícara (café) de café solúvel
Açúcar ou adoçante a gosto

MODO DE PREPARO

1. Leve o leite e a biomassa P ao fogo, mexendo sem parar.
2. Deixe levantar fervura e mexa por mais 1 minuto.
3. Leve a mistura fervente ao liquidificador.
4. Junte o café solúvel e bata muito bem até ficar espumante.
5. Adicione açúcar ou adoçante a gosto.
6. Sirva quentíssimo.

DICA: Se gostar mais claro, é só bater com mais leite. Se quiser mais escuro, acrescente mais café solúvel.

RENDIMENTO: 5 a 6 xícaras.

Cafeban

Ingredientes

1 xícara de água
2 colheres (sopa) de biomassa P
2 colheres (chá) de café solúvel
Açúcar ou adoçante a gosto

MODO DE PREPARO

1. Ferva a água com a biomassa P.
2. Bata no liquidificador a mistura para que fique homogênea.
3. Volte com a mistura ao fogo até ferver novamente para engrossar e encorpar.
4. Bata no liquidificador, acrescentando o café solúvel.
5. Bata bem, adoce a gosto e sirva imediatamente.

RENDIMENTO: 3 xícaras de café espumante e cremoso.

Chocolate quente encorpado

Ingredientes
½ ℓ de leite quente
1 xícara de chocolate em pó
1 xícara de biomassa E de leite
Açúcar ou adoçante a gosto

MODO DE PREPARO

1. Leve ao fogo o leite e a biomassa E de leite, mexendo sem parar.
2. Quando a biomassa E de leite derreter bem, bata essa mistura no liquidificador.
3. Junte a ela o chocolate, bata bem e leve ao fogo.
4. Acrescente açúcar ou adoçante na hora de servir.

DICA: Se esfriar, volte com o chocolate ao fogo até levantar fervura e sirva. Fica mais gostoso tornando a batê-lo no liquidificador, para ficar bem espumante.

RENDIMENTO: 4 a 5 xícaras.

Iogurte encorpado natural ou de frutas

Ingredientes
1 copo de iogurte natural ou de frutas
2 bananas verdes cozidas quentes
Açúcar a gosto

MODO DE PREPARO

1. Ponha no liquidificador todo o iogurte do copo.
2. Acrescente o açúcar.
3. Aqueça a banana verde cozida no micro-ondas ou em água fervente.
4. Quando a banana estiver bem quente, acione o liquidificador e vá jogando pelo orifício da tampa pedaços de banana verde sem casca ou colheradas de biomassa I.

DICA: Pode acrescentar outras frutas, como o mamão, que auxilia o funcionamento do intestino.

RENDIMENTO: 2 copos.

Iogurte morangoban caseiro

Ingredientes

1 pacote de suco de morango em pó
3 xícaras de leite
1 copo de iogurte
1 xícara de biomassa P

MODO DE PREPARO

1. Leve ao fogo o leite com a biomassa P até levantar fervura.
2. Bata essa mistura no liquidificador.
3. Junte o suco de morango e continue a bater.
4. Aguarde esfriar para juntar o copo de iogurte e bata.
5. Se desejar, acrescente açúcar ou adoçante.

DICA: Pode substituir por outros sucos, como maracujá, manga etc.

RENDIMENTO: 5 porções.

Leiteban caramelado com canela

Ingredientes

½ ℓ de leite
açúcar a gosto
Canela em pó a gosto
2 xícaras de biomassa P

MODO DE PREPARO

1. Leve ao fogo o açúcar, mexendo até pegar cor de caramelo escuro.
2. Sobre o açúcar despeje o leite, misture e deixe ferver até formar uma calda.
3. Junte a biomassa P, mexendo sem parar.
4. Bata bem essa mistura no liquidificador.
5. Volte a mistura ao fogo para engrossar mais um pouco.
6. Sirva pelando, com canela pulverizada.

RENDIMENTO: 4 xícaras.

Suco de banana batido

Ingredientes
1 lata de leite condensado
4 copos de leite fervente
1 colher (chá) de baunilha
6 bananas verdes cozidas
1 colher (chá) de casca de limão ralada
2 colheres (chá) de mel (opcional)

MODO DE PREPARO
1. Bata no liquidificador o leite fervente com as bananas quentíssimas.
2. Volte com essa mistura ao fogo até levantar fervura.
3. Leve ao liquidificador com o restante dos ingredientes.
4. Sirva gelado.

DICA: A casca de limão pode ser substituída por 3 colheres (chá) de achocolatado ou outro sabor.

RENDIMENTO: 8 porções.

Suco multifrutas com polpa de banana verde

Ingredientes
2 bananas verdes cozidas e sem casca
500 ml de suco de laranja
400 g de melancia sem semente

MODO DE PREPARO
1. Faça uma biomassa E de água.
2. Bata tudo no liquidificador.
3. Despeje numa jarra e leve à geladeira.

DICA: Se preferir mais doce, acrescente açúcar ou adoçante a gosto.

RENDIMENTO: 4 a 5 porções.

BOLOS

Bolo cascaban de menta

MASSA

Ingredientes

- 3 xícaras de casca de banana verde processada
- 5 ovos
- 2 ½ xícaras de açúcar
- 3 xícaras de farinha de trigo
- 1 xícara de biomassa P
- 2 colheres (sopa) de fermento em pó químico
- 1 xícara de óleo
- 1 colher (chá) de essência de menta

MODO DE PREPARO

1. Passe a casca de banana no processador.
2. Bata no liquidificador junto com as gemas e a biomassa P. Reserve.
3. Numa tigela, ponha a farinha de trigo peneirada e sobre ela vá despejando a mistura reservada e o óleo.
4. Bata na batedeira e junte aos poucos o açúcar, até obter uma massa leve.
5. Adicione a essência de menta e as claras em neve, mexendo bem.
6. Por último, junte o fermento em pó químico, misturando com a colher.
7. Despeje em uma fôrma com furo central untada e enfarinhada.
8. Asse em forno preaquecido.

RENDIMENTO: 20 porções.

COBERTURA

Ingredientes

- 3 xícaras de água
- 1 xícara de açúcar
- 1 xícara de biomassa I
- 3 xícaras de coco ralado fresco ou seco hidratado

MODO DE PREPARO

1. Ferva a água junto com o açúcar e a biomassa.
2. Depois de levantar fervura, bata no liquidificador.
3. Retorne a mistura à panela, levando ao fogo para ajustar o ponto de fio.
4. Junte coco ralado.
5. Cubra o bolo com esse glacê.
6. Salpique com coco ralado.

RENDIMENTO: Cobre um bolo de 1 kg.

Bolo de casca de banana madura

MASSA

Ingredientes

- 4 xícaras de casca de banana madura
- 2 ovos
- 1 xícara de leite
- 2 colheres (sopa) de margarina
- 3 xícaras de açúcar
- 3 xícaras de farinha de rosca
- 1 colher (sopa) de fermento em pó químico

MODO DE PREPARO

1. Lave as cascas de banana.
2. Corte em pedaços e ponha no liquidificador com as gemas, o leite, a margarina e o açúcar.
3. Bata bem e em seguida despeje numa tigela.
4. Acrescente a farinha de rosca, mexa bem e reserve.
5. Bata as claras em neve e misture à massa reservada com o fermento em pó químico.
6. Asse em uma assadeira untada e enfarinhada em forno preaquecido.

COBERTURA

Ingredientes

- 1 colher (sopa) de margarina ou manteiga
- ½ xícara de açúcar
- 1 ½ xícara de água ou de leite
- ½ xícara de biomassa P
- 3 colheres (sopa) de chocolate em pó ou em barra
- 4 bananas (opcional)

MODO DE PREPARO

1. Ferva o leite ou a água, juntando o açúcar e a biomassa P.
2. Quando levantar fervura, retire do fogo e bata no liquidificador.
3. Junte a essa mistura o chocolate em pó ou em barra.
4. Volte ao fogo se estiver usando o chocolate em pó, junte a margarina ou a manteiga e deixe engrossar.
5. Depois que esfriar um pouco, despeje sobre o bolo.
6. Corte as bananas em rodelas ou em talhadas para enfeitar (opcional)

RENDIMENTO DO BOLO: 8 a 10 porções.

Bolo de chocolate com cascaban e uva-passa

MASSA

Ingredientes

- 2 xícaras de casca de banana verde cozida e picada
- 2 ovos inteiros
- 3 xícaras de farinha de trigo
- 1 xícara de biomassa P
- 1 xícara de leite em pó
- 155 g de chocolate em pó
- 1 xícara de óleo
- 2 ½ xícaras de açúcar
- 1 ½ colher (chá) de baunilha
- 80 g a 100 g de uvas-passas brancas sem caroços
- 1 colher (chá) cheia de fermento em pó químico

MODO DE PREPARO

1. Bata no liquidificador o óleo, os ovos, a casca de banana cozida e picada, a biomassa P e a baunilha.
2. Numa tigela misture a farinha de trigo, o leite em pó, o chocolate em pó e o açúcar.
3. Despeje a mistura do liquidificador sobre os ingredientes secos da tigela.
4. Bata tudo com a batedeira elétrica, exceto o fermento em pó químico e as uvas-passas, até formar bolhas.
5. Junte por último o fermento em pó químico e as uvas-passas e mexa bem.
6. Despeje em fôrma untada e enfarinhada.
7. Asse em forno preaquecido.
8. Desenforme o bolo ainda morno.

COBERTURA DE CHOCOLATE COM CASCABAN E UVA-PASSA

Ingredientes

- 1 xícara de casca de banana verde cozida e picada
- 120 g de chocolate em pó
- 1 lata de creme de leite
- 400 g de biomassa P
- 1 lata de leite condensado
- 100 g de chocolate granulado ou confeitos
- 100 g de uvas-passas

MODO DE PREPARO

1. Bata o creme de leite e a biomassa P no liquidificador.
2. Junte o leite condensado e o chocolate em pó, batendo sempre no liquidificador.
3. Leve essa misture ao fogo, mexendo até obter uma massa compacta e o fundo da panela aparecer. Acrescente a casca de banana cozida e picada e as uvas-passas.
4. Despeje sobre o bolo frio.
5. Espere esfriar para decorar com chocolate granulado ou com confeitos.

DICA: Essa cobertura pode ser utilizada como recheio; também poderá ser feita sem o chocolate e com outros sabores, como morango, maracujá, baunilha etc.

RENDIMENTO DO BOLO: 10 a 12 porções.

Bolo de fubaban

Ingredientes

1 xícara de biomassa P
2 xícaras de fubá mimoso
2 xícaras de farinha de trigo
2 xícaras de açúcar
1 colher (sopa) de fermento em pó químico
1 colher (chá) de sal
1 ovo inteiro
1 xícara de leite
1 xícara de óleo

MODO DE PREPARO

1. Ponha o leite e a biomassa numa panela até levantar fervura e leve ao liquidificador.
2. Junte o açúcar, o ovo, o óleo e o sal e bata bem.
3. Ponha numa tigela a farinha de trigo, o fubá e o fermento em pó químico.
4. Despeje o conteúdo do liquidificador sobre as farinhas, mexendo bem.
5. Coloque a massa numa fôrma de bolo untada e enfarinhada.
6. Asse em forno preaquecido até dourar levemente.

RENDIMENTO: 10 porções.

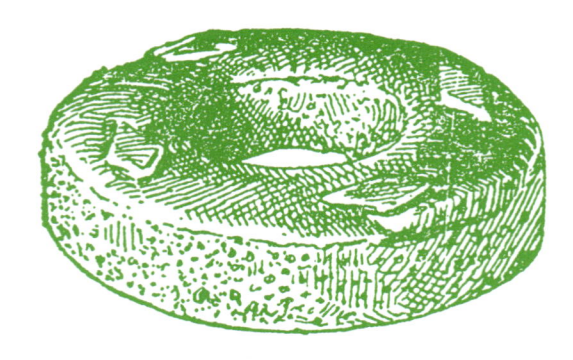

Bolo de laranja Maria

MASSA

Ingredientes

- 3 laranjas-pera inteiras
- 4 ½ xícaras de açúcar
- 2 xícaras de farinha de trigo
- 1 xícara de biomassa P
- 1 xícara de óleo
- 4 ovos inteiros
- 1 colher (sopa) de fermento em pó químico
- 1 pitada de sal

MODO DE PREPARO

1. Corte uma laranja com casca em pedaços, retirando o miolinho e as sementes para não amargar.
2. Leve ao liquidificador e bata com o óleo e os ovos.
3. Quando estiver desmanchado, acrescente o açúcar, a biomassa e por último o sal.
4. Despeje essa mistura na tigela da batedeira.
5. Bata, acrescentando a farinha de trigo.
6. Mexa com a colher de pau ao colocar o fermento em pó químico.
7. Ponha essa massa em uma fôrma muito bem untada com manteiga e enfarinhada.
8. Asse em forno quente.
9. Desenforme o bolo ainda quente e jogue a calda quente sobre ele.

DICAS: Use uma fôrma com furo central. Este bolo pode ser servido gelado.

RENDIMENTO: 8 a 10 porções.

CALDA DE LARANJA PARA O BOLO

Ingredientes

- Suco de 2 laranjas, sem semente
- 1 ½ xícara de açúcar
- 1 colher (sopa) de manteiga

MODO DE PREPARO

1. Ponha numa panela o suco das laranjas.
2. Acrescente o açúcar e a manteiga.
3. Leve ao fogo para ferver.
4. Tire toda a espuma e deixe pegar o ponto de calda rala.
5. Jogue essa calda quente sobre o bolo desenformado ainda quente.
6. Deixe o bolo esfriar e leve-o à geladeira, se for servir gelado.

RENDIMENTO DO BOLO: 8 porções.

Bolo econômico de chocolate

Ingredientes
½ xícara de leite de vaca ou de soja quente
1 xícara de óleo
2 ovos grandes inteiros
1 xícara de biomassa P aquecida
2 ¾ xícaras de farinha de trigo
2 xícaras de açúcar
1 colher (sopa) de fermento em pó químico
1 ½ xícara de chocolate em pó

MODO DE PREPARO

1. Bata no liquidificador o leite quente com a biomassa P aquecida até obter uma massa leve e homogênea.
2. Acrescente o óleo e os ovos e bata novamente até virar uma mistura fina e reserve.
3. Misture em uma vasilha a farinha de trigo, o chocolate e o açúcar.
4. Despeje a mistura do liquidificador sobre os ingredientes secos, misturando bem e batendo com batedeira elétrica.
5. Por último acrescente o fermento em pó químico, só mexendo, sem bater.
6. Despeje a massa em fôrma untada e enfarinhada.
7. Asse em forno médio preaquecido.

DICA: Para fazer *brownies*, no lugar de 2 ¾ xícaras de farinha de trigo coloque 1 ½ xícara de farinha de trigo. Acrescente 1 colher de café de gengibre ralado e outra de canela em pó. No restante a receita é igual à do bolo econômico.

RENDIMENTO: 14 porções.

Bolo moça fubaban

Ingredientes

200 g de fubá mimoso
200 g de biomassa P preaquecida
4 ovos inteiros
1 xícara de farinha de trigo
1 colher (chá) de erva-doce
1 lata de leite condensado
1 xícara de óleo
1 colher (sopa) de fermento em pó químico
6 colheres (sopa) de açúcar
3 colheres (sopa) de açúcar de confeiteiro

MODO DE PREPARO

1. Bata no liquidificador o óleo, o leite condensado, os ovos e a biomassa P preaquecida.
2. Despeje essa mistura em uma tigela, acrescente aos poucos o açúcar, o fubá mimoso e a farinha de trigo e misture bem.
3. Por último junte o fermento em pó químico e a erva-doce.
4. Unte e enfarinhe uma fôrma com furo central.
5. Despeje nela a massa do bolo.
6. Asse em forno médio alto preaquecido por cerca de 40 minutos.
7. Retire do forno e deixe amornar.
8. Desenforme e polvilhe com açúcar de confeiteiro.
9. Sirva a seguir.

RENDIMENTO: 10 porções.

DOCES E SOBREMESAS

Arroz-doce com biomassa

Ingredientes

1 xícara de arroz lavado e escorrido
2 pedaços de canela em pau
2 cravos
3 lascas de casca de limão
½ ℓ de água
½ ℓ de leite (opcional desnatado)
2 gemas
1 colher (sopa) de margarina ou manteiga
2 xícaras de açúcar
2 colheres (sopa) de biomassa P

MODO DE PREPARO

1. Leve ao fogo numa panela grande o arroz, a água, a canela, os cravos, as lascas de casca de limão e o açúcar.
2. Cozinhe em fogo baixo até quase secar.
3. Em outra panela ponha o leite para ferver com a biomassa P, a margarina ou a manteiga e as gemas.
4. Quando ferver, bata no liquidificador para obter um creme ralo.
5. Junte esse creme ao arroz cozido e vá mexendo com colher de pau até o arroz-doce ficar no ponto.
6. Despeje o arroz ainda quente numa compoteira.
7. Quando esfriar, polvilhe com açúcar e canela e sirva.

RENDIMENTO: 8 porções.

Bavaroise de cafeban

Ingredientes

6 ovos
8 colheres (sopa) de açúcar
1 xícara de biomassa P
3 xícaras de leite
1 colher (sopa) de café solúvel
1 pacote de gelatina em pó sem sabor incolor
6 colheres (sopa) de água fria

MODO DE PREPARO

1. Separe as gemas das claras e reserve.
2. Leve o leite ao fogo com a biomassa P até ferver.
3. Bata no liquidificador, adicionando o café solúvel.
4. Enquanto isso coloque a gelatina de molho na água fria por 10 minutos.
5. Despeje a gelatina na mistura quente e bata novamente.
6. Despeje numa tigela e aguarde esfriar.
7. Enquanto isso bata as claras em neve, acrescentando o açúcar às colheradas até parecer um suspiro.
8. Despeje sobre a mistura morna, mexendo com uma colher para incorporar.
9. Coloque tudo numa fôrma úmida de furo central.
10. Leve à geladeira no mínimo por 8 horas.
11. Para desenformar, mergulhe o fundo da fôrma em água fervente por 2 minutos.
12. Vire sobre um prato de borda alta e sirva.

RENDIMENTO: 6 a 8 porções.

Beijoban para festas

Ingredientes

2 latas de leite condensado
1 lata de leite
1 lata de biomassa P
2 colheres (sopa) de margarina
6 colheres (sopa) de coco ralado seco ou fresco
1 colher (café) de essência de coco (opcional)

MODO DE PREPARO

1. Leve ao fogo 1 lata de leite e a mesma medida de biomassa P.
2. Quando o leite ferver, bata no liquidificador com mais 1 lata de leite condensado.
3. Volte com a mistura ao fogo, colocando a margarina e a essência de coco.
4. Mexa até desprender do fundo da panela.
5. Junte parte do coco ralado seco ou fresco.
6. Misture bem e passe para um prato untado.
7. Depois que esfriar, enrole os docinhos.
8. Passe no coco ralado restante e decore com cravinho ou bolinha prateada de confeito.

RENDIMENTO: 40 docinhos.

Bombocado cascaban

Ingredientes
- 3 xícaras de casca de banana verde cozida
- 1 lata de leite condensado
- 1 xícara de biomassa P
- 1 colher (sopa) de manteiga
- 4 ovos

MODO DE PREPARO

1. Bata no processador a casca de banana e reserve.
2. Bata no liquidificador a casca processada, o leite condensado, as gemas, a biomassa P e a manteiga.
3. Bata as claras em neve e junte a essa mistura.
4. Leve ao forno por aproximadamente 30 minutos em forminhas de empada untadas.
5. Não deixe corar muito.
6. Desenforme quando esfriar.
7. Coloque em forminhas de papel.

RENDIMENTO: 20 a 25 bombocados de 40 g.

Brigadeirão branco de micro-ondas

Ingredientes
- 200 g de chocolate branco picado
- 1 lata de leite condensado
- 4 ovos inteiros
- 1 lata de creme de leite
- 1 lata de biomassa I feita com leite

MODO DE PREPARO

1. Bata no liquidificador a biomassa I com o creme de leite, os ovos, o leite condensado e o chocolate branco derretido no micro-ondas.
2. Misture tudo e despeje em uma fôrma especial de anel, untada com manteiga.
3. Cozinhe em potência alta de 7 a 8 minutos.
4. Depois que amornar, desenforme.
5. Deixe na geladeira até o momento de servir.
6. Se desejar fazer no forno convencional, deixe no forno em banho-maria até dourar.

RENDIMENTO: 8 a 10 porções.

Brigadeiro de banana verde

Ingredientes

1 lata de leite condensado
1 lata de leite
1 lata de biomassa P
50 g de margarina
150 g de chocolate em pó
200 g de chocolate granulado para confeitar

MODO DE PREPARO

1. Misture todos os ingredientes numa panela e leve ao fogo.
2. Quando levantar fervura, bata no liquidificador para desmanchar bem a biomassa e volte ao fogo.
3. Mexa até soltar do fundo da panela, no ponto de enrolar os docinhos.
4. Despeje em uma bancada e deixe esfriar.
5. Enrole normalmente, como se faz com o brigadeiro tradicional.
6. Passe no chocolate granulado.

RENDIMENTO: 130 docinhos padrão festa ou 50 porções de 50 g.

Cocada de cortar de banana verde

Ingredientes

1 lata de leite condensado
2 latas de açúcar
1 lata de biomassa I
200 g de coco ralado fresco ou seco hidratado
1 coco fresco ralado
1 colher (sopa) de margarina

MODO DE PREPARO

1. Misture todos os ingredientes numa panela antiaderente ou de inox.
2. Leve ao fogo baixo mexendo sem parar, até desprender do fundo.
3. Despeje no mármore untado e deixe esfriar.
4. Corte em quadrados ou losangos.

RENDIMENTO: 30 cocadas.

Cremeban à navegantes

Ingredientes

½ kg de biomassa P
1 lata de leite condensado
1 lata de creme de leite
1 vidro de 200 ml de leite de coco
200 g de coco ralado
2 pacotes ou 12 g de gelatina em pó incolor sem sabor
1 vidro de cerejas ao marrasquino
Açúcar a gosto

MODO DE PREPARO

1. Coloque numa panela a biomassa P com o leite de coco e o açúcar.
2. Leve ao fogo até levantar fervura.
3. Bata essa mistura quente no liquidificador.
4. Aos poucos acrescente o leite condensado.
5. Reserve essa mistura batida.
6. À parte, dissolva a gelatina em pó em água fervente.
7. Junte a gelatina à mistura ainda quente reservada.
8. Bata tudo no liquidificador.
9. Despeje a metade numa tigela grande e reserve.
10. Acrescente o creme de leite no liquidificador e bata um pouco mais.
11. Despeje na tigela grande e misture tudo muito bem.
12. Acrescente parte do coco ralado.
13. Leve à geladeira por 12 horas até o creme endurecer.
14. Decore a tigela com o restante do coco ralado e cerejas ao marrasquino.
15. Sirva supergelado.

RENDIMENTO: 10 a 12 porções.

Cremeban de chuchu

Ingredientes
- 2 ½ xícaras de chuchu
- 1 lata de leite condensado
- 1 lata de biomassa P
- 1 lata de creme de leite sem soro
- 2 colheres (sopa) de açúcar

MODO DE PREPARO
1. Lave, descasque e rale o chuchu no ralo grosso e reserve.
2. Leve o leite condensado e a biomassa P ao fogo, mexendo sem parar.
3. Acrescente o chuchu e cozinhe até engrossar.
4. Retire do fogo e aguarde esfriar.
5. Bata na batedeira o creme de leite sem soro junto com o açúcar e reserve.
6. Junte o creme de leite batido ao creme de biomassa P quase frio e misture muito bem.
7. Distribua em taças individuais.
8. Leve à geladeira por 2 horas e sirva gelado.

RENDIMENTO: Serve 6 pessoas.

Cremeban de laranja e cenoura

Ingredientes

½ xícara de cenoura ralada
½ xícara de água
2 xícaras de suco de laranja adoçado a gosto
1 xícara de biomassa P
1 lata de leite condensado
1 lata de creme de leite sem soro

MODO DE PREPARO

1. Bata no liquidificador o suco de laranja adoçado, a água, a cenoura, a biomassa P e por último o leite condensado.
2. Leve tudo ao fogo para engrossar e junte o creme de leite.
3. Coloque em um pirex.
4. Deixe esfriar e sirva gelado.

RENDIMENTO: 4 a 5 porções.

Cremeban de limão

Ingredientes

1 lata de leite condensado
1 lata de biomassa P
1 lata de creme de leite
2 xícaras de água
2 limões

MODO DE PREPARO

1. Leve ao fogo em uma panela a biomassa P e a água. Ferva até engrossar, bata no liquidificador e reserve.
2. Lave e raspe a casca dos limões e reserve.
3. Esprema o suco dos limões e reserve.
4. Volte ao liquidificador onde já está o creme de biomassa P, junte o leite condensado, o creme de leite e o suco dos limões.
5. Leve ao fogo para cozinhar toda a mistura do liquidificador e bata bem.
6. Coloque em taças individuais e polvilhe com a raspa do limão.
7. Sirva gelado.

RENDIMENTO: 5 a 6 porções.

Doce de casca de abacaxi

Ingredientes

1 xícara de casca de abacaxi picada
3 xícaras de água
1 xícara de açúcar
½ colher (sopa) de margarina
6 cravos-da-índia
2 colheres (sopa) de coco ralado
1 xícara de biomassa P
1 lata de creme de leite sem soro

MODO DE PREPARO

1. Lave o abacaxi com uma escova em água corrente e descasque.
2. Pique a casca.
3. Leve a casca ao fogo em uma panela com água e cozinhe até amolecer.
4. Depois de cozida coloque a casca no liquidificador e bata.
5. Passe a casca batida por uma peneira.
6. Ferva o que ficou na peneira junto com a biomassa e bata no liquidificador.
7. Volte com essa mistura para uma panela e acrescente o açúcar, a margarina, o cravo e o coco ralado.
8. Cozinhe até soltar do fundo da panela.
9. Aguarde esfriar e misture o creme de leite sem soro.
10. Coloque em taças individuais e sirva gelado.

RENDIMENTO: 6 porções.

Doce de casca de melancia com leite condensado

Ingredientes
1 lata de leite condensado
2 xícaras de casca de melancia ralada
1 xícara de biomassa P
1 ½ xícara de água
3 cravos-da-índia

MODO DE PREPARO

1. Retire a casca verde da melancia, aproveitando apenas a polpa branca.
2. Corte em cubos pequenos, ou passe a casca pelo ralo grosso.
3. Leve ao fogo a biomassa com a água até levantar fervura.
4. Bata essa mistura no liquidificador, juntando o leite condensado.
5. Leve essa mistura a uma panela e junte a melancia picada e o cravo.
6. Deixe cozinhar, mexendo sempre até apurar.
7. Sirva frio ou gelado.

RENDIMENTO: 6 porções.

Doce de leite de biomassa

Ingredientes

1 lata de leite condensado

2 latas de biomassa E de leite

2 colheres (sopa) de margarina

MODO DE PREPARO

1. Bata no liquidificador o leite condensado com a biomassa E de leite.
2. Junte a margarina e leve ao fogo para ferver.
3. Com uma colher de pau vá mexendo até aparecer o fundo da panela para obter o ponto desejado.
4. Se quiser, faça docinhos passados no açúcar cristal ou em confeito colorido.

RENDIMENTO: 450 g de doce.

Docinhos de morango

Ingredientes

1 vidro de leite de coco
1 lata de biomassa P
1 lata de leite condensado
2 colheres (sopa) de manteiga ou margarina
4 colheres (sopa) bem cheias de coco ralado seco
1 envelope de gelatina de morango em pó
1 pacotinho de polpa de coco
1 pacote de coco ralado seco

MODO DE PREPARO

1. Coloque numa panela o leite de coco e a biomassa para ferver.
2. Leve ao liquidificador e bata até obter uma pasta homogênea.
3. Junte o leite condensado e misture no liquidificador.
4. Leve a mistura ao fogão, acrescentando manteiga ou margarina e as 4 colheres de coco ralado.
5. Apure em fogo brando para evitar pegar no fundo da panela.
6. Coloque, à parte, a gelatina de morango de molho em 8 colheres (sopa) de água fria, mexa bem e aguarde.
7. Ao tirar a panela do fogo, junte a gelatina já molhada na massa quente, mexendo bem, para desmanchá-la no calor.
8. Coloque num prato ou travessa de louça e deixe esfriar completamente por 2 a 3 horas.
9. Hidrate o coco ralado com a polpa de coco e reserve.
10. Faça bolinhos e passe no coco ralado hidratado com a polpa de coco.
11. Coloque em forminhas de papel metálico para servir em festinhas.

DICA: Não use forminha de papel, pois ela amolece devido à umidade do coco hidratado.

RENDIMENTO: 120 docinhos.

Esquecidos de banana verde

Ingredientes

2 xícaras de açúcar
4 ovos inteiros
1 colher (sopa) de raspa de limão
½ xícara de farinha de trigo
1 xícara de biomassa P
½ xícara de leite
1 colher (chá) de fermento em pó químico

MODO DE PREPARO

1. Bata bem os ovos com o açúcar e reserve.
2. Junte a biomassa previamente dissolvida no leite quente e batida no liquidificador e reserve.
3. Junte a raspa de limão e a farinha na tigela da batedeira, adicionando a mistura do liquidificador com os ovos batidos e o açúcar.
4. Mexa bem e bata na batedeira, juntando por último o fermento em pó químico.
5. Leve a uma assadeira untada e enfarinhada, colocando a massa em colheradas bem espaçadas.
6. Asse em forno preaquecido a 200 graus por cerca de 15 minutos.

RENDIMENTO: 1 ½ kg.

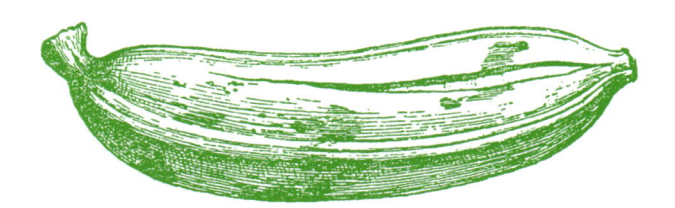

Gelatina morangoban

Ingredientes

1 xícara de biomassa P
1 caixa de gelatina sabor morango
2 claras
¼ lata de leite condensado

MODO DE PREPARO

1. Dissolva a gelatina como indicado na caixa.
2. Leve a gelatina quente ao liquidificador e bata junto com o leite condensado e a biomassa P até obter uma massa homogênea rosa.
3. Bata as claras em neve e misture à gelatina batida.
4. Coloque essa mistura numa fôrma ou pirex umedecido.
5. Leve à geladeira até ficar bem firme, de preferência deixando de um dia para o outro.
6. Para desenformar, mergulhe a base da fôrma em água fervente por 2 minutos.
7. Quando sentir que a gelatina soltou da fôrma, desenforme.
8. Sirva em um prato de borda alta com calda de morango (ver receita na página 154).

RENDIMENTO: 4 a 5 porções.

Marrom-glacê de banana verde

Ingredientes

400 g de biomassa P
1 lata de leite condensado
1 lata de creme de leite, com soro
1 colher (chá) de essência de baunilha
Açúcar especial para docinhos

MODO DE PREPARO

1. Bata no liquidificador a biomassa P com o creme de leite e o soro.
2. Junte o leite condensado e bata mais um pouco.
3. Leve esses ingredientes batidos a uma panela antiaderente.
4. Mexa sem parar para não grudar, até tomar o ponto de enrolar.
5. Acrescente a essência de baunilha.
6. Mexa bem e só tire do fogo quando estiver despregando do fundo da panela.
7. Despeje numa tigela e deixe esfriar descoberto.
8. Só no dia seguinte enrole em pequenos croquetes.
9. Passe no açúcar especial para docinhos e deixe secar.
10. Embrulhe em papel de bombom ou coloque em forminhas de papel metálico.

RENDIMENTO: 50 a 80 unidades de 20 g.

Mingau de banarroz

Ingredientes

1 xícara de arroz
2 xícaras de biomassa l
4 xícaras de leite fervente
1 pacote de gelatina verde ou vermelha sem sabor
1 xícara de água fervente
6 colheres (sopa) de açúcar
Canela em pó (opcional)

MODO DE PREPARO

1. Lave o arroz e coloque-o no copo do liquidificador.
2. Junte a água e o leite, batendo ligeiramente.
3. Adicione a biomassa integral e bata mais um pouco.
4. Leve ao fogo, acrescentando o açúcar e mexendo sem parar até ferver.
5. Tire do fogo e junte a gelatina previamente amolecida em 6 colheres de água fria.
6. Mexa bem até a gelatina desmanchar.
7. Despeje em taças e leve ao refrigerador.
8. Se quiser, polvilhe com canela em pó e açúcar.

RENDIMENTO: 8 taças.

Musse de maracujá

Ingredientes

1 xícara de suco de maracujá
1 xícara de leite
1 pacote de gelatina em pó incolor sem sabor
4 xícaras de açúcar
2 xícaras de biomassa P
1 lata de creme de leite sem soro (opcional)

MODO DE PREPARO

1. Leve ao fogo o leite com a biomassa P, bata no liquidificador e volte ao fogo.
2. Coloque o açúcar, mexendo sempre até ferver.
3. Retire do fogo e junte a gelatina previamente desmanchada em ½ xícara de água fria e bata no liquidificador, acrescentando o suco de maracujá.
4. Depois junte toda essa mistura e bata de novo no liquidificador.
5. Se quiser, pode acrescentar o creme de leite sem soro, batendo no liquidificador mais um pouco.
6. Ponha essa mistura numa vasilha funda para gelar por pelo menos 12 horas.
7. Depois de gelada, coloque a calda de maracujá (ver receita na página 154). Ela é indispensável.

RENDIMENTO: 15 a 20 porções.

Pudim brigadeiro

Ingredientes

2 colheres (sopa) de manteiga ou margarina
1 colher (sopa) de açúcar
2 colheres (sopa) de biomassa P
2 xícaras de leite
½ xícara de chocolate em pó
1 lata de leite condensado
3 ovos inteiros
1 xícara de chocolate granulado

MODO DE PREPARO

1. Unte uma fôrma própria para pudim de 18 cm de diâmetro com manteiga ou margarina.
2. Polvilhe com bastante açúcar e reserve.
3. Numa panela média, derreta a manteiga, junte o leite e a biomassa P até levantar fervura.
4. Bata essa mistura no liquidificador, junte o chocolate em pó.
5. Acrescente o leite condensado e os ovos e bata novamente no liquidificador por 1 minuto.
6. Despeje toda a mistura na fôrma untada.
7. Asse em banho-maria em fôrma preaquecida a temperatura média até ficar com a consistência de pudim de leite condensado.
8. Depois de frio, desenforme.
9. Cubra com chocolate granulado.

RENDIMENTO: 12 porções.

Pudim cocoban de micro-ondas

Ingredientes

1 lata de leite condensado
1 lata de creme de leite
1 lata de biomassa P
4 ovos inteiros
100 g de coco ralado

MODO DE PREPARO

1. Bata todos os ingredientes no liquidificador.
2. Despeje numa fôrma de pudim especial de micro-ondas, untada com margarina.
3. Cozinhe no forno de micro-ondas em potência alta por 7 a 8 minutos.
4. Deixe no forno até ficar morno e desenforme.
5. Leve à geladeira até o momento de servir.

DICAS: Só desenforme depois de esfriar um pouco, quando estiver morno. Se desejar fazer em forno convencional, deixe no forno em banho-maria até dourar.

RENDIMENTO: 8 a 12 porções.

Pudim de casca de banana madura

Ingredientes

3 xícaras de casca de banana madura lavada e picada
3 xícaras de água
3 xícaras de biomassa P (opcional)
1 pacote de gelatina vermelha em pó sem sabor
3 xícaras de açúcar
1 lata de creme de leite
Essência de morango ou cereja

MODO DE PREPARO

1. Ao picar as cascas de banana madura, tire manchas pretas que ocorrem devido ao manuseio inadequado.
2. Ferva as cascas juntamente com a água e o açúcar até formar uma calda.
3. Bata no liquidificador a mistura quentíssima e reserve.
4. Dissolva à parte a gelatina vermelha em 3 colheres (sopa) de água fria, junte à mistura do liquidificador e bata bem.
5. Acrescente essência de morango ou de cereja à mistura no liquidificador.
6. Junte o creme de leite e bata tudo novamente.
7. Se quiser, acrescente mais açúcar, batendo no liquidificador.
8. Coloque na geladeira em fôrma umedecida com água.
9. Desenforme na hora de servir, soltando as bordas com uma faca e aquecendo rapidamente o fundo em banho-maria.
10. Sirva com a calda que quiser, com creme de leite ou *chantilly*.

RENDIMENTO: 20 porções.

Pudim de goiaba com cascaban

Ingredientes

3 xícaras de goiabas vermelhas cortadas
2 xícaras de água
1 xícara de leite
1 xícara de biomassa P
1 lata de creme de leite sem soro
2 colheres (chá) cheias de açúcar

MODO DE PREPARO

1. Lave as goiabas em água corrente e corte-as em pedaços.
2. Bata no liquidificador com a água e reserve dentro do liquidificador.
3. Ferva o leite junto com a biomassa.
4. Junte o açúcar e leve essa mistura ao liquidificador com a goiaba batida.
5. Bata tudo novamente e leve essa mistura para cozinhar, mexendo sempre até engrossar.
6. Aguarde esfriar um pouco e junte o creme de leite sem soro. Mexa muito bem.
7. Despeje em uma fôrma de pudim umedecida com água.
8. Leve à geladeira e sirva gelado.

DICA: O ideal é fazer esse pudim de véspera.

RENDIMENTO: 12 porções.

Pudimban de frutas cristalizadas

Ingredientes

500 g de biomassa P bem aquecida
1 lata de creme de leite
1 lata de leite condensado
3 ovos inteiros
3 colheres (sopa) de vinho do Porto
150 g de frutas cristalizadas
Canela em pó a gosto
Noz-moscada a gosto

MODO DE PREPARO

1. Bata no liquidificador a biomassa P com o creme de leite, os ovos e o vinho do Porto.
2. Junte o leite condensado, a canela em pó e a noz-moscada, batendo bem.
3. Adicione as frutas cristalizadas.
4. Misture bem e despeje numa fôrma previamente caramelada.
5. Leve ao forno em banho-maria até obter um pudim compacto e corado.
6. Aguarde amornar para desenformar.

RENDIMENTO: 10 porções.

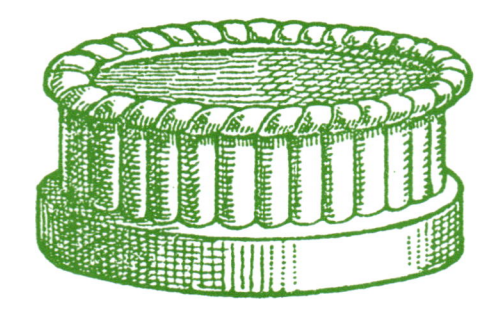

Pudimban de leite condensado

Ingredientes

1 lata de leite condensado
2 latas de leite quente
3 ovos inteiros
½ xícara de biomassa P

MODO DE PREPARO

1. Caramelize uma fôrma com furo central.
2. Coloque no liquidificador o leite e a biomassa e bata até obter uma massa homogênea.
3. Junte os ovos e continue a bater.
4. Vá acrescentando o leite condensado.
5. Despeje essa mistura batida no liquidificador na fôrma caramelizada.
6. Leve a assar em banho-maria em forno morno preaquecido por cerca de 1 ½ hora.
7. Depois de frio, leve para gelar.
8. Desenforme gelado e sirva a seguir.

DICA: Para caramelizar a fôrma, derreta o açúcar na própria fôrma, mexendo sem parar e virando-a até ficar inteiramente caramelizada.

RENDIMENTO: 10 porções.

Pudimban de maracujá

Ingredientes

¼ xícara de biomassa P
1 xícara de suco de maracujá
1 lata de leite condensado
1 lata de leite em pó
3 ovos inteiros
1 xícara de açúcar (para polvilhar)

MODO DE PREPARO

1. Bata no liquidificador o leite condensado, o maracujá, a biomassa P e os ovos.
2. Por último acrescente o leite e reserve.
3. Unte com fartura uma fôrma e polvilhe com açúcar.
4. Despeje nessa fôrma todo o conteúdo do liquidificador.
5. Asse em banho-maria por cerca de 1 ½ hora em forno moderado.
6. Quando estiver corado e firme deixe amornar; desenforme e sirva gelado.

DICA: Pode utilizar outro suco no lugar do de maracujá: manga, acerola, goiaba, morango etc.

RENDIMENTO: 8 a 10 porções.

Queijadão saboroso

Ingredientes

1 xícara de biomassa P aquecida
3 ovos inteiros
1 colher (sopa) de suco de limão
1 colher (sopa) de óleo
1 colher (chá) de raspa de casca de limão
1 copo de requeijão cremoso
½ xícara de açúcar
Canela em pó a gosto (opcional)

MODO DE PREPARO

1. Bata no liquidificador o óleo, os ovos, a biomassa P aquecida e o suco de limão.
2. Aos poucos acrescente o açúcar e colheradas do requeijão.
3. Junte a raspa de casca de limão e bata todos esses ingredientes por mais alguns minutos.
4. Retire e coloque em uma fôrma de bolo inglês untada com margarina.
5. Leve ao forno preaquecido por aproximadamente 45 minutos.
6. Deixe esfriar e desenforme.
7. Sirva regado com chocolateban (calda de chocolate) morno (ver receita na página 155) ou polvilhe com canela (opcional).

RENDIMENTO: 4 a 5 porções.

Surpresas de banana verde

Ingredientes

10 bananas-nanicas verdes cozidas ou 400 g de biomassa l
1 lata de leite condensado
Raspa de casca de limão
1 lata de creme de leite
1 colher (chá) de essência de limão
2 xícaras de açúcar cristal

MODO DE PREPARO

1. Cozinhe as bananas em panela de pressão, limpe as pontas e moa juntamente com a casca no processador.
2. Junte o leite condensado, o creme de leite, mexendo sempre, e por último a essência de limão e coloque numa panela.
3. Leve ao fogo por 20 minutos, mexendo sem parar.
4. Despeje em um pirex pulverizado com açúcar cristal e deixe esfriar bem.
5. Corte em pequenos pedaços e passe no açúcar cristal.
6. Embrulhe em papel impermeável.

DICA: Também pode espetar os pedaços num palito e passar no chocolate derretido. Depois, é só gelar por 2 minutos, deixar descansar e embrulhar em papel de bombom.

RENDIMENTO: 40 pedaços de 20 g.

Torta cocoban

Ingredientes

200 g de biscoito maisena
100 g de manteiga
1 lata de leite condensado
1 lata de leite
100 g de biomassa P aquecida
4 ovos
4 colheres (sopa) de açúcar
200 g de coco ralado

MODO DE PREPARO

1. Bata o biscoito no liquidificador para que se transforme numa farofa fina.
2. Misture a manteiga até obter uma massa homogênea.
3. Forre o fundo e as laterais de uma fôrma de aro removível com a mesma massa e reserve.
4. Bata no liquidificador o leite, a biomassa P aquecida e as gemas.
5. Acrescente o leite condensado, batendo sempre.
6. Leve ao fogo baixo, mexendo sempre até obter um creme espesso.
7. Retire do fogo e despeje na fôrma já forrada com a massa de biscoito reservada.
8. Bata as claras em neve com açúcar até obter um suspiro.
9. Coloque o suspiro sobre o creme e polvilhe com coco.
10. Leve ao forno médio alto para dourar.
11. Desenforme frio.
12. Sirva frio.

RENDIMENTO: 8 porções ou mais.

Torta de damascoban

Ingredientes

200 g de biscoito maisena
50 g de manteiga
50 g de biomassa P
1 lata de leite condensado
1 lata de leite
3 colheres (sopa) cheias de biomassa P
3 ovos
4 colheres (sopa) de açúcar
100 g de damascos secos

MODO DE PREPARO

1. Bata o biscoito no liquidificador até obter uma farofa fina.
2. Misture 50 g de biomassa P com a manteiga até obter uma massa homogênea.
3. Forre o fundo e as laterais de uma fôrma removível com essa massa e leve ao forno por 10 minutos, para compactar, e reserve.
4. Ferva numa panela o leite com 3 colheres (sopa) de biomassa P.
5. Despeje no liquidificador e bata para obter uma massa homogênea.
6. Volte com essa mistura à panela e acrescente os damascos picados, o leite condensado e as gemas.
7. Leve essa mistura ao fogo e despeje sobre a massa já assada.
8. Bata as claras em neve com o açúcar até obter um merengue.
9. Coloque sobre o creme da torta.
10. Leve ao forno médio alto para dourar.
11. Sirva quente ou frio.

RENDIMENTO: 8 porções.

Tortaban de frutas

MASSA

Ingredientes

- ½ xícara de biomassa P aquecida
- 2 xícaras de farinha de trigo
- 4 colheres (sopa) de manteiga ou margarina
- ½ lata de creme de leite sem soro
- 1 colher (sopa) de açúcar
- 1 colher (sopa) de fermento em pó químico

MODO DE PREPARO

1. Bata a biomassa P aquecida no liquidificador com o creme de leite e o açúcar e reserve.
2. Peneire a farinha com o fermento em pó químico e faça uma cova no centro.
3. Coloque a manteiga ou margarina e misture bem com a farinha.
4. Junte, aos poucos, o conteúdo do liquidificador, misturando com as pontas dos dedos até que solte das mãos.
5. Embrulhe em filme PVC e deixe descansar 30 minutos.
6. Abra a massa sobre filme PVC.
7. Forre os fundos e os lados de formas individuais untadas e enfarinhadas.
8. Fure o fundo com um garfo.
9. Asse em forno quente por cerca de 15 minutos.

RECHEIO

Ingredientes

- 1 lata de leite condensado
- 2 gemas
- ½ xícara de leite fervente
- 2 colheres (sopa) de biomassa P aquecida
- ½ lata de creme de leite sem soro
- 150 g de frutas cristalizadas
- 1 colher (chá) de raspa de limão

MODO DE PREPARO

1. Bata no liquidificador a biomassa P e o leite fervente.
2. Junte o leite condensado e bata com as gemas até formar bolhas.
3. Leve essa mistura ao fogo, mexendo sempre, até obter um creme liso e consistente.
4. Apague o fogo e deixe esfriar.
5. Junte o creme de leite e a raspa de limão, mexendo bem, e por último 100 g de frutas cristalizadas.
6. Recheie a massa com esse creme.
7. Decore com o restante das frutas cristalizadas e a cobertura decorativa.

COBERTURA DECORATIVA

Ingredientes

1 pacote de gelatina em pó incolor sem sabor

3 colheres (sopa) de água

1 copo grande de calda de açúcar em ponto pastoso

MODO DE PREPARO

1. Dissolva a gelatina em 3 colheres (sopa) de água fria.
2. Derreta em banho-maria e junte a calda quente.
3. Retire do fogo e espere amornar.
4. Mexa e resfrie até ficar em consistência de geleia mole.
5. Espalhe sobre a torta, formando uma camada brilhante.
6. Leve para gelar até o momento de servir.

RENDIMENTO DA TORTA: 10 porções.

Tortaban de maracujá

Ingredientes

1 ½ xícara de farinha de trigo
½ xícara de açúcar de confeiteiro
¾ xícara de manteiga ou margarina
4 ovos inteiros
1 ½ xícara de açúcar
1 colher (sopa) de fermento em pó químico
1 xícara de biomassa P
½ xícara de suco de maracujá

MODO DE PREPARO

1. Numa vasilha média misture a farinha com o açúcar de confeiteiro.
2. Acrescente a manteiga ou margarina aos pedacinhos.
3. Misture com as pontas dos dedos até obter uma consistência de farofa.
4. Coloque, apertando, no fundo de uma assadeira de 32 cm x 32 cm previamente untada.
5. Leve ao forno por 15 minutos.
6. Enquanto isso, misture bem os ingredientes restantes, levando ao fogo para engrossar.
7. Despeje-os sobre a massa assada e deixe no forno por 20 a 25 minutos ou até dourar.
8. Se desejar, decore com a calda de maracujá (ver receita na página 154).
9. Guarde coberta na geladeira.
10. Sirva à temperatura ambiente.

RENDIMENTO: 24 porções.

CALDAS E MOLHOS

Calda de maracujá

Ingredientes
- Suco de 2 maracujás grandes, com as sementes
- 2 xícaras de açúcar
- 1 xícara de água

MODO DE PREPARO

1. Coloque numa panela o suco do maracujá com toda a semente.
2. Junte a água e o açúcar.
3. Leve ao fogo, mexendo sempre até atingir o ponto de calda rala.
4. Tire do fogo e deixe esfriar.

DICAS: Sirva sobre sorvete de creme ou sobre o doce que desejar. Fica uma delícia como cobertura do musse de maracujá.

Calda de morango

Ingredientes
- 1 xícara de biomassa P
- 100 g de geleia de morango
- 3 xícaras de água quente

MODO DE PREPARO

1. Bata todos os ingredientes no liquidificador.
2. Leve ao fogo para engrossar até o ponto de calda rala.
3. Ponha numa vasilha e guarde na geladeira até o momento de servir.

RENDIMENTO: 800 ml a 900 ml.

Chocolateban

Ingredientes
1 xícara de biomassa P
½ ℓ de leite quente
200 g de chocolate ao leite em barra picado

MODO DE PREPARO
1. Bata no liquidificador o leite quente com a biomassa P.
2. Leve essa mistura ao fogo.
3. Quando levantar fervura, retire do fogo imediatamente e ponha o chocolate picado e mexa.
4. Mexa com uma colher até o chocolate derreter completamente e reserve.

RENDIMENTO: 2 xícaras de calda.

Cobertura caldaban de chocolate

Ingredientes
1 xícara de açúcar
2 xícaras de água
½ xícara de biomassa P
100 g de chocolate meio amargo em barra

MODO DE PREPARO
1. Leve ao fogo a água com a biomassa P.
2. Quando levantar fervura, bata no liquidificador.
3. Leve de novo ao fogo a panela com o açúcar.
4. Quando ferver, desligue e jogue o chocolate em pedaços para derreter.

DICA: Ideal para bolos, rocamboles, tortas etc. Cubra com a calda ainda quente.
RENDIMENTO: 600 ml a 700 ml.

Cobertura para bolos e outros

Ingredientes

2 xícaras de leite
500 g de biomassa P
2 colheres (sopa) de manteiga ou margarina
2 ½ xícaras de açúcar
5 claras
1 colher (chá) de essência de cereja ou menta, limão etc.

MODO DE PREPARO

1. Leve ao fogo a biomassa com o leite até ferver, mexendo sempre.
2. Despeje essa mistura quase fervendo no liquidificador e bata até virar um líquido cremoso. Reserve.
3. Numa vasilha bata as claras em neve ao ponto de suspiro.
4. Acrescente aos poucos o açúcar, batendo sempre, como se faz suspiro.
5. Por último, junte a essência da sua preferência.
6. O creme reservado deve ser despejado aos poucos sobre o suspiro, sem parar de bater para misturar bem.
7. Leve ao fogo com 2 colheres de manteiga ou margarina, mexendo sempre para engrossar.
8. Espere essa cobertura esfriar e utilize.

DICA: Pode ser usada também como recheio de sonhos, carolinas, bombons, churros etc.

RENDIMENTO: 800 g.

Maionese iogurteban *light*

Ingredientes

½ xícara de óleo ou azeite de oliva extravirgem
200 ml de iogurte *light*
1 colher (chá) de mostarda
2 colheres (chá) de molho inglês
4 ½ bananas pequenas verdes cozidas ou 400 g de biomassa P quentíssima
Sal a gosto

MODO DE PREPARO

1. Bata no liquidificador o óleo com a mostarda, o molho inglês, o iogurte, o sal e outros temperos a gosto (opcional).
2. Pelo orifício da tampa vá jogando os pedaços da banana cozida quentíssima, até obter consistência de maionese.
3. Deixe esfriar até ficar firme.
4. Armazene num pote com tampa.

DICA: Se ficar muito dura, acrescente no liquidificador até ½ xícara de água fervente para adquirir a consistência desejada.

Sirva com legumes ou em canapés e sanduíches.

RENDIMENTO: 500 g.

Maioneseban

Ingredientes

4 a 6 bananas graúdas verdes cozidas, quentíssimas
½ xícara de óleo ou azeite de oliva extravirgem
1 xícara de água fervente
2 colheres (sopa) de vinagre (opcional)
2 colheres (chá) de mostarda
Sal a gosto
1 colher (chá) rasa de açafrão

MODO DE PREPARO

1. Ponha no liquidificador o azeite, a água fervente, a mostarda, o sal, o açafrão e o vinagre.
2. Acione o liquidificador e, pelo orifício da tampa, vá jogando os pedaços de banana verde cozida e quentíssima, até adquirir consistência de maionese.

DICA: É ideal para saladas e sanduíches.

RENDIMENTO: 500 g.

Molho à bolonhesa com casca de banana verde

Ingredientes

1 latinha de massa de tomate
1 caixa de 520 g de purê de tomate
2 pimentões
1 cebola média processada
1 colher (café) de orégano
2 colheres (chá) de salsa
3 cascas de banana cozidas picadas bem fininhas
1 ℓ de água
400 g de biomassa P
250 g de carne moída
Temperos (alho, sal etc.) a gosto
1 lata de creme de leite (opcional)

MODO DE PREPARO

1. Refogue a cebola com a carne moída e a casca de banana. Frite bem.
2. Junte os temperos, a massa e o purê de tomate por último.
3. Junte 1 ℓ de água.
4. Acrescente o orégano e a salsa e deixe ferver.
5. Bata a biomassa P e o pimentão no liquidificador, com 1 copo de água fervente.
6. Junte essa mistura na panela do molho, mexendo bem até ferver e ficar espessa como molho. Se quiser, acrescente creme de leite.
7. Deixe ferver por 5 minutos e sirva quente.

DICA: Este molho é ideal para nhoque, macarronada etc. Pode ser acondicionado em pequenos recipientes plásticos tampados no congelador por 6 meses.

RENDIMENTO: 1 ½ kg.

Molho agridoce

Ingredientes

2 colheres (sopa) de molho de soja
1 colher (sopa) de vinagre
1 copinho de iogurte natural
2 colheres (sopa) de suco de maracujá
2 xícaras de biomassa P quente
½ xícara de água
3 colheres (sopa) de óleo ou azeite de oliva extravirgem
1 pitada de sal

MODO DE PREPARO

1. Bata no liquidificador o iogurte com a biomassa P quente, o suco de maracujá, a água, o óleo, o molho de soja, o vinagre e a pitada de sal.
2. Se achar necessário, inclua 1 colher (café) de açúcar para cortar mais a acidez.
3. Despeje todo esse molho sobre o macarrão.
4. Misture com 2 garfos para espalhar o tempero e sirva.

DICA: Sirva com saladas, carnes e frango assado de entrada.

RENDIMENTO: 8 a 10 porções.

Molho agridoce simples

Ingredientes

2 colheres (sopa) de biomassa P
3 colheres (sopa) de vinagre de maçã
3 colheres (sopa) de *ketchup*
1 colher (sopa) de molho de soja
1 ½ xícara de água

MODO DE PREPARO

1. Bata tudo no liquidificador.
2. Leve ao fogo para engrossar.

DICAS: Ideal para acompanhar carnes, saladas e outros.

Sirva com queijo ralado, se apreciar e combinar com o que vai servir.

RENDIMENTO: Serve 12 pessoas.

Molho ao sugo cremeban

Ingredientes

1 lata de creme de leite sem soro
500 g de polpa de tomate
250 g de biomassa P
1 cubo de caldo de carne
1 pimentão vermelho pequeno
Sal e ervas a gosto

MODO DE PREPARO

1. Coloque a polpa de tomate com o caldo de carne para ferver.
2. Enquanto isso, bata no liquidificador o pimentão sem semente com água.
3. Acrescente a biomassa P e bata novamente.
4. Quando a polpa do tomate estiver fervendo, acrescente a ela essa mistura do liquidificador.
5. Ponha sal e ervas a gosto e deixe ferver.
6. Acrescente o creme de leite sem soro. Não ferva mais depois de colocar o creme de leite.

DICA: Se quiser, junte ao molho casca de banana verde cozida e picada. É rica em fibras, fica muito gostoso e o rendimento aumenta.

RENDIMENTO: 800 g.

Molho de ervas

Ingredientes

1 colher (sopa) de suco de limão ou lima-da-pérsia
⅓ xícara de azeite de oliva extravirgem
1 colher (sopa) de vinagre balsâmico
Sal a gosto
1 colher (chá) de ervas da Provence
1 pitada de alecrim
1 pitada de tomilho
1 pitada de sálvia
1 pitada de *curry*
1 xícara de biomassa P

MODO DE PREPARO

1. Bata no liquidificador a biomassa P com água quente e sal.
2. Misture tudo e bata bem.

DICAS: Sirva com saladas e outras iguarias. Se utilizar lima-da-pérsia, consuma imediatamente após o preparo, para não amargar.

RENDIMENTO: 250 ml.

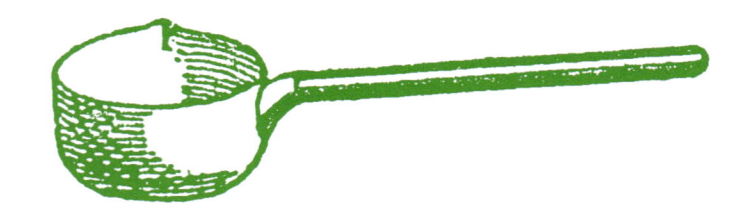

Molho de hortelã

Ingredientes

1 colher (sopa) de suco de limão
½ xícara de hortelã fresca picada
⅓ xícara de azeite de oliva extravirgem
1 colher (chá) de mostarda em pó
Sal a gosto
1 xícara de biomassa P

MODO DE PREPARO

1. Bata no liquidificador a biomassa P com água quente e o sal.
2. Leve ao fogo para engrossar.
3. Junte todos os outros ingredientes e espere esfriar.

DICA: Sirva sobre saladas ou em churrascos.

RENDIMENTO: 300 ml.

Molho de *ketchup* com cascaban

Ingredientes

½ vidro de *ketchup*

½ xícara de água fervente

2 colheres (sopa) cheias de biomassa P

1 colher (chá) de molho inglês

1 xícara de casca de banana verde picada

Sal a gosto

Orégano a gosto

Molho de pimenta a gosto (opcional)

MODO DE PREPARO

1. Bata no liquidificador a água fervente com a biomassa P, o molho inglês, o *ketchup*, o sal e o orégano.
2. Leve essa mistura ao fogo.
3. Junte a casca da banana verde picada e dê mais uma fervida.

DICA: Coloque esse molho sobre o rosbife e assados. Serve até para molho de salsicha etc.

RENDIMENTO: 8 porções.

Molho de maracujá

Ingredientes

¹/₃ xícara de suco integral de maracujá
¹/₃ xícara de azeite de oliva extravirgem
1 colher (sopa) de sementes de maracujá
Sal a gosto
Pimenta-do-reino moída na hora a gosto
1 colher (chá) de mostarda
1 xícara de biomassa P
1 xícara de água quente

MODO DE PREPARO

1. Misture o sal, a pimenta, a mostarda e o suco de maracujá. Reserve.
2. Junte no liquidificador o azeite de oliva e a biomassa P e bata com a água e o sal.
3. Leve ao fogo para engrossar e acrescente a mistura do item 1, batendo no liquidificador.
4. Por último, acrescente, sem bater, as sementes de maracujá.

DICA: Regue a salada somente na hora de servir.

RENDIMENTO: 500 ml.

Molho de mel e amora

Ingredientes

1 colher (sopa) de requeijão
1 colher (sopa) de mel
1 colher (sopa) de *blueberries* amassados ou amoras
1 colher (sopa) de iogurte natural
Sal a gosto
1 xícara de biomassa P

MODO DE PREPARO

1. Misture a biomassa P com 1 xícara de água quente e sal e leve ao fogo para engrossar bem.
2. Bata essa massa com todos os ingredientes restantes no liquidificador.

DICA: Sirva com saladas ou carnes.

RENDIMENTO: 250 g.

Molho delícia de banana verde

Ingredientes

1 copo de iogurte natural
3 colheres (sopa) de biomassa P
2 colheres (sopa) de mostarda
2 colheres (sopa) de picles de coração e casca de banana verde (ver receita na página 232)
2 colheres (sopa) de casca de banana verde picada
3 colheres (sopa) de azeitona verde picada fina
Tomate picado a gosto
Orégano a gosto
Sal a gosto

MODO DE PREPARO

1. Bata no liquidificador a biomassa P com o iogurte e junte a mostarda e o sal.
2. Ponha numa tigela pequena o picles de coração de banana verde, a casca de banana verde picada fina, a azeitona, o tomate e o orégano.
3. Despeje sobre os últimos ingredientes a mistura batida no liquidificador.

DICA: Sirva como acompanhamento de rosbife, churrasco etc.

RENDIMENTO: 4 porções.

Molho *poivre*

Ingredientes

1 lata de creme de leite sem soro
2 colheres (sopa) de biomassa P
1 colher (sopa) de manteiga ou margarina
½ cebola processada
1 cálice de vinho do Porto
1 cubo de caldo de carne
1 copo de água fervente
Pimenta-do-reino preta moída na hora a gosto
Sal a gosto

MODO DE PREPARO

1. Refogue a cebola processada na manteiga ou margarina.
2. Acrescente o vinho do Porto, deixe reduzir e flambe.
3. Dissolva o caldo de carne num copo de água fervente.
4. Despeje o caldo de carne sobre o refogado flambado.
5. Deixe reduzir um pouco.
6. Junte a biomassa P, mexendo bem.
7. Deixe ferver até engrossar.
8. Acrescente sal a gosto e pimenta-do-reino preta moída na hora, se gostar.
9. Na hora de servir, junte o creme de leite sem soro.

RENDIMENTO: 400 ml.

Molhoban à bolonhesa

Ingredientes

1 lata de polpa de tomate
1 colher (chá) de cebola picada
1 colher (chá) de alho
1 colher (chá) de salsa picada
100 g de carne moída
3 colheres (sopa) de casca de banana verde cozida e picada
1 xícara de óleo
Sal a gosto

MODO DE PREPARO

1. Frite bem a carne com o alho e a cebola em 1 xícara de óleo.
2. Junte a casca da banana e continue a fritar até ela ficar macia.
3. Adicione a polpa de tomate e a salsa e deixe ferver até engrossar.
4. Despeje no nhoqueban de arroz (ver receita na página 224).
5. Polvilhe com queijo ralado e sirva bem quente.

RENDIMENTO: 6 a 8 porções.

Molhoban com Catupiry

Ingredientes

200 g de requeijão do tipo Catupiry
1 lata de creme de leite sem soro
200 g de biomassa P previamente aquecida no micro-ondas
2 xícaras de casca de banana verde cozida e picada
2 colheres (sopa) de óleo
1 xícara (café) de cebola
2 dentes de alho
Sal a gosto

MODO DE PREPARO

1. Passe no processador o alho com a cebola.
2. Refogue no óleo a cebola e o alho processados e o sal.
3. Junte nesse refogado a casca de banana verde e frite-a com os temperos. Reserve.
4. Bata no liquidificador o creme de leite e a biomassa P previamente aquecida no micro-ondas.
5. Despeje essa mistura no refogado, voltando com a panela ao fogo.
6. Mexa sempre para engrossar.
7. Retire do fogo e vá acrescentando o requeijão, mexendo bem.
8. Se gostar, acrescente uma colher (chá) de noz-moscada.

RENDIMENTO: 600 ml.

Molhoban de tomate

Ingredientes

1 xícara (café) de cebola picada ou processada
1 xícara (café) de óleo
2 xícaras de tomate passado no liquidificador ou purê de tomate
1 xícara de casca de banana verde picada
1 pimentão vermelho (opcional)
2 colheres de manjericão
1 colher (café) de páprica picante (opcional)
1 colher (sopa) de orégano

MODO DE PREPARO

1. Refogue no óleo a cebola e a casca de banana picada e reserve.
2. Bata no liquidificador o tomate e o pimentão vermelho.
3. Junte essa mistura ao refogado e retorne ao fogo para engrossar.
4. Acrescente o manjericão, a páprica picante e, se gostar, orégano.
5. Deixe o molho ferver até engrossar para ficar saboroso.
6. Polvilhe com queijo ralado e sirva.

DICA: Utilize o molho fervente sobre massas, nhoque e outros.

RENDIMENTO: 6 a 8 porções.

Molhoban Madeira

Ingredientes

1 cálice de vinho Madeira
½ xícara de *champignons* fatiados
½ xícara de casca de banana verde cozida e picada fina
1 cubo de caldo de carne
2 xícaras de água fervente
1 xícara de biomassa P
Sal a gosto
Pimenta-do-reino moída na hora

MODO DE PREPARO

1. Dilua o cubo de caldo de carne na água fervente.
2. Leve ao fogo com o vinho até ferver.
3. Bata esse caldo no liquidificador com a biomassa P.
4. Volte com essa mistura ao fogo e acrescente os *champignons* e a casca de banana verde cozida e picada.
5. Mexa bem e verifique o sal.
6. Ferva por 3 ou 4 minutos para homogeneizar bem, acrescente a pimenta-do-reino moída na hora.
7. Sirva bem quente.

RENDIMENTO: 500 ml.

Molhoban de mostarda

Ingredientes

1 lata de creme de leite sem soro
1 colher (sobremesa) de mostarda Dijon ou mostarda escura
1 colher (sobremesa) de mostarda em grão
1 cubo de caldo de carne
2 xícaras de água fervente
1 xícara de biomassa P
1 xícara de casca de banana verde cozida e picada
Sal a gosto

MODO DE PREPARO

1. Dilua o cubo de caldo de carne na água fervente.
2. Acrescente a biomassa P e bata no liquidificador para obter uma massa homogênea.
3. Acrescente o creme de leite, os dois tipos de mostarda e o sal.
4. Leve tudo ao fogo, mexendo sem parar até engrossar, por cerca de 3 a 4 minutos de fervura.
5. Junte a casca de banana e deixe no fogo por mais uns 2 minutos.
6. Sirva bem quente.

RENDIMENTO: 700 ml a 800 ml.

PÃES

Pão-d'água de banana

Ingredientes

1 kg de biomassa P
3 tabletes (45 g) de fermento biológico fresco
1 xícara de água morna
2 colheres (sopa) de açúcar
1 colher (chá) de sal
2 colheres (sopa) de margarina
Farinha de trigo suficiente para dar a liga

MODO DE PREPARO

1. Em um recipiente com uma xícara de água morna (mais fria do que quente) junte o fermento biológico fresco, o sal e o açúcar. Deixe em repouso por 5 minutos para levedar.
2. Numa tigela à parte, misture a biomassa P com a farinha, o sal a gosto e a margarina.
3. Junte nessa tigela a levedura crescida e misture bem, batendo a massa.
4. Em seguida amasse-a e divida em 5 pedaços.
5. Faça os pães e deixe-os cobertos numa assadeira por 60 a 90 minutos.
6. Após o repouso, asse em forno quente por cerca de 20 minutos.

DICA: O ideal é fazer em dias de bastante calor, ou cobrir a massa com plástico e cobertor. Para saber se o pão está bom para ir ao forno, pressione levemente com a ponta dos dedos sua superfície. Se ficar marcado, é sinal de que está no ponto certo para entrar no forno.

RENDIMENTO: 5 pães.

Pão de ervas

Ingredientes

1 ½ colher (sopa) de fermento biológico fresco
1 colher (chá) de sal
1 colher (chá) de açúcar
½ xícara de leite morno
3 xícaras de água morna
3 colheres (sopa) de biomassa P
½ xícara de cebola picada
1 dente de alho
1 ovo inteiro
1 colher (sopa) de orégano
2 colheres (sopa) de manjericão
400 g de biomassa P
600 g de farinha de trigo
400 g de biomassa P

MODO DE PREPARO

1. Dissolva o fermento no sal e no açúcar.
2. Acrescente o leite morno, misture a biomassa P e deixe crescer.
3. Bata no liquidificador a água, a cebola, o alho, a margarina e o ovo.
4. Em uma vasilha grande junte o conteúdo do liquidificador à mistura do fermento biológico fresco.
5. Acrescente o orégano e o manjericão.
6. Em seguida adicione a biomassa P, misturando bem até incorporar-se totalmente à mistura do liquidificador, podendo até utilizar batedeira elétrica.
7. A essa mistura bem batida, vá juntando a farinha de trigo aos poucos, amassando até soltar das mãos.
8. Sove bem, divida a massa e modele os pães.
9. Coloque os pães modelados em assadeira untada e enfarinhada.
10. Deixe crescer até dobrar de volume.
11. Asse em forno preaquecido até dourar.

RENDIMENTO: 12 pãezinhos de 50 g.

Pão de fôrma caseiro

Ingredientes

1 colher (sopa) de fermento biológico fresco
2 xícaras de leite
2 xícaras de biomassa P
1 colher (sopa) de açúcar
2 ovos inteiros
2 colheres (sopa) de margarina
½ colher (sopa) de sal
2 colheres (sopa) de óleo
8 xícaras de farinha de trigo

MODO DE PREPARO

1. Prepare o leite de biomassa com o leite e a biomassa P.
2. Leve ao fogo e, quando levantar fervura, bata no liquidificador e aguarde amornar.
3. Dissolva o fermento nesse leite de biomassa morno. Acrescente os demais ingredientes menos a farinha e bata tudo no liquidificador.
4. Despeje em uma vasilha e aos poucos junte a farinha, amassando bem.
5. Deixe descansar por 15 minutos.
6. Após o descanso, sove bem a massa e divida-a em 2 partes.
7. Unte 2 fôrmas próprias para pão de fôrma com um pouco de óleo. Por último coloque uma parte da massa em cada uma e deixe crescer até dobrar de volume.
8. Asse em forno preaquecido.

RENDIMENTO: 2 pães de fôrma.

Pão econômico

Ingredientes

1 colher (sopa) de fermento biológico fresco
1 xícara de água morna
2 xícaras de leite
3 xícaras de biomassa P
2 ovos inteiros
1 colher (café) de sal
1 xícara de óleo
1 xícara de açúcar
9 xícaras de farinha de trigo

MODO DE PREPARO

1. Dissolva o fermento biológico fresco na água morna e reserve.
2. Leve o leite ao fogo com a biomassa, aguarde levantar fervura e bata no liquidificador.
3. Vá acrescentando o óleo, o açúcar, o sal e, por último, os ovos.
4. Em uma vasilha grande de plástico coloque a mistura do liquidificador, acrescente o fermento diluído e mexa bem.
5. Peneire a farinha de trigo e acrescente a essa massa o trigo.
6. Quando terminar, amasse bem e deixe crescer até dobrar de tamanho.
7. Modele os pães e coloque-os em assadeiras untadas e enfarinhadas.
8. Deixe dobrar de volume e asse em forno preaquecido.

RENDIMENTO: 20 pães.

Pão fareloban

Ingredientes

- 2 tabletes (30 g) de fermento biológico fresco
- 1 xícara de leite
- 3 xícaras de biomassa P
- 1 colher (sopa) rasa de sal
- 6 colheres (sopa) de óleo
- 2 colheres (sopa) de açúcar
- 3 xícaras de farinha de trigo branca
- 3 xícaras de farinha de trigo integral
- 3 xícaras de farelo de trigo

MODO DE PREPARO

1. Ponha a biomassa no leite e ferva, mexendo sempre.
2. Bata essa mistura no liquidificador e deixe amornar.
3. Junte a essa mistura o fermento biológico fresco, o açúcar e o sal.
4. Mexa bem e deixe em temperatura ambiente para crescer.
5. Numa vasilha grande ponha a farinha de trigo integral, a farinha de trigo branca e o farelo de trigo.
6. Vá juntando à massa crescida a farinha, misturada com o sal a gosto e o óleo.
7. Amasse bem e, se estiver difícil de trabalhar, adicione até 4 colheres (sopa) de leite.
8. Sove ou bata na batedeira do tipo planetária, se tiver.
9. Deixe crescer por mais 1 hora aproximadamente, até dobrar de volume.
10. Modele os pãezinhos.
11. Asse em forno preaquecido.

RENDIMENTO: 30 pãezinhos.

Pão milhoban americano

Ingredientes

1 xícara de biomassa l
1 xícara de leite
1 ¼ xícara de farinha de trigo
¾ xícara de fubá
¼ xícara de açúcar
5 colheres (chá) de fermento em pó químico
1 colher (chá) de sal
1 ovo inteiro
1/3 xícara de óleo

MODO DE PREPARO

1. Peneire em uma tigela a farinha, o fubá, o açúcar, o fermento em pó químico e o sal e reserve.
2. Leve a biomassa com o leite para esquentar numa panela até levantar fervura.
3. Bata no liquidificador e volte com essa mistura ao fogo, para engrossar e reduzir a quantidade. Deixe esfriando.
4. Leve ao liquidificador quando estiver menos quente e acrescente o óleo, batendo sempre. Por último, junte o ovo.
5. Despeje o conteúdo do liquidificador sobre a mistura reservada, mexendo levemente, sem desfazer as pelotas que se formam.
6. Coloque a massa em uma fôrma de bolo inglês, untada e enfarinhada.
7. Leve ao forno preaquecido até dourar levemente.

RENDIMENTO: 10 porções.

Pão queijoban

Ingredientes

2 ½ xícaras de biomassa P
300 g de queijo de minas ralado
500 g de polvilho azedo ou doce
2 ovos inteiros
6 colheres (sopa) de óleo
1 ½ xícara de água fervente

MODO DE PREPARO

1. Escalde bem o polvilho, junte os ovos e o óleo e misture bem com uma colher.
2. Vá juntando a biomassa P aos poucos, batendo na batedeira elétrica.
3. Por último acrescente o queijo de minas ralado.
4. Amasse bem e coloque na mesa enfarinhada, para bater e amassar ainda mais.
5. Passe óleo nas mãos e enrole as bolinhas.
6. Asse em assadeira untada com óleo no forno médio.

RENDIMENTO: 120 pãezinhos de queijo.

Pãozinho de banana verde

Ingredientes

4 xícaras de biomassa I
2 ovos inteiros
1 gema
1 colher (sopa) de sal
4 colheres (sopa) de açúcar
½ xícara de óleo
1 ½ colher (sopa) de fermento biológico fresco
3 xícaras de leite
8 xícaras de farinha de trigo

MODO DE PREPARO

1. Em uma panela, leve ao fogo o leite com a biomassa I. Quando levantar fervura, bata no liquidificador.
2. Junte o açúcar, batendo no liquidificador.
3. Junte o óleo, batendo sempre, e o sal.
4. Junte os ovos e, por último, o fermento biológico fresco.
5. Coloque essa mistura em uma vasilha funda de plástico ou vidro pirex e vá acrescentando a farinha de trigo.
6. Amasse até que não grude mais nas mãos. Sove muito bem.
7. Faça pãezinhos em formato de bolinhas e deixe crescer até dobrar o volume.
8. Coloque os pães em assadeira untada e enfarinhada e pincele com a gema.
9. Asse em forno preaquecido.

RENDIMENTO: 30 pãezinhos.

Pãozinho fofoban de leite condensado

Ingredientes
1 lata de leite condensado
1 lata de biomassa P
1 lata de água morna
1 xícara de óleo
4 ovos inteiros
4 tabletes (60 g) de fermento biológico fresco
1 colher (chá) rasa de sal
1 kg e 2 xícaras de farinha de trigo
2 colheres (sopa) de açúcar, 2 gemas e ½ xícara de óleo para pincelar

MODO DE PREPARO

1. Ferva a biomassa na água.
2. Bata no liquidificador, juntando o leite condensado, o óleo, o sal, os ovos e, por último, o fermento biológico fresco.
3. Despeje essa mistura numa bacia de plástico e adicione aos poucos 1 kg de farinha de trigo.
4. Vá mexendo até formar uma bola.
5. Acrescente mais 1 xícara de farinha de trigo.
6. Mexa e adicione mais 1 xícara de farinha de trigo para passar nas mãos.
7. Sove bastante até que não grude mais nas mãos.
8. Deixe crescer até dobrar o volume, por mais ou menos ½ hora.
9. Abaixe a massa e faça os pãezinhos.
10. Coloque em assadeira untada com margarina.
11. Deixe crescer novamente.
12. Misture, à parte, 2 gemas, ½ xícara de óleo e 2 colheres de açúcar. Pincele essa mistura nos pãezinhos.

RENDIMENTO: Dependendo do tamanho dos pãezinhos, de 25 a 30 unidades.

PRATOS SALGADOS

Almôndegas de arroz

Ingredientes
1 xícara de casca de banana verde cozida e picada
1 xícara de arroz
1 ovo inteiro
2 colheres (sopa) de queijo ralado
250 g de carne moída
2 colheres (sopa) de salsa picada
1 xícara de biomassa P
3 xícaras de óleo
Sal a gosto
Farinha de trigo ou de rosca para empanar

MODO DE PREPARO

1. Prepare o arroz como de costume, ou utilize o arroz que sobrou da véspera, na medida de 3 xícaras bem cheias.
2. Deixe o arroz esfriar.
3. Acrescente o ovo, a casca de banana verde picada, a carne moída, a biomassa P e a salsa picada.
4. Misture bem, amassando os ingredientes com a colher.
5. Junte o queijo ralado e verifique o sal.
6. Faça pequenas bolas com essa massa e passe na farinha de trigo ou de rosca.
7. Leve o óleo ao fogo e deixe aquecer.
8. Frite as almôndegas aos poucos.

RENDIMENTO: 12 a 16 porções.

Arroz à brasileira

Ingredientes

2 xícaras de arroz-agulhinha
1 lata de ervilhas escorridas
1 lata de milho verde escorrido
½ kg de casca de banana verde cozida e picada em cubos
50 g de queijo ralado
1 colher (sopa) de margarina
Sal a gosto
Cenoura ralada crua (opcional)

MODO DE PREPARO

1. Cozinhe o arroz normalmente e reserve.
2. Num recipiente refratário, despeje o arroz cozido.
3. Acrescente o milho e a ervilha escorridos, a casca da banana cozida e picada e misture bem.
4. Acomode o arroz no recipiente com uma escumadeira e ponha pedacinhos de margarina espalhados.
5. Polvilhe com queijo ralado e leve ao forno para gratinar.

DICA: Para enriquecer mais, acrescente cenoura ralada crua ou cozida.

RENDIMENTO: Serve 7 pessoas ou mais.

Arroz cascaban com açafrão

Ingredientes

1 xícara de arroz integral ou branco
2 xícaras de água
1 cebola média processada
1 dente de alho grande
4 colheres (sopa) de azeite de oliva extravirgem
3 colheres (café) de açafrão em pó
2 xícaras de casca de banana verde cozida e picada
1 xícara de uvas-passas sem semente
1 cubo de caldo de galinha
Sal a gosto
Pimenta-do-reino (opcional)

MODO DE PREPARO

1. Doure a cebola e o alho no azeite.
2. Frite o arroz por alguns segundos e em seguida coloque água.
3. Acrescente o cubo de caldo de galinha e mexa para desmanchá-lo por igual.
4. Acrescente o açafrão (para ficar bem amarelo), o sal e a pimenta (opcional).
5. Deixe em fogo médio, com a panela parcialmente tampada, por cerca de 20 minutos, até que o arroz fique cozido.
6. Enquanto isso coloque as uvas-passas de molho na água quente por 30 minutos.
7. Refogue à parte a casca da banana picada com alho picado fininho.
8. Junte ao refogado as passas amolecidas.
9. Despeje tudo no meio do arroz enquanto estiver acabando de secar.
10. Se desejar, misture queijo ralado e sirva.

RENDIMENTO: 6 porções.

Arroz cascaban com fígado

Ingredientes

2 xícaras de arroz integral
1 colher (chá) de açafrão em pó
1 ½ cebola média picada ou processada
3 colheres (sopa) de óleo
4 dentes de alho picado ou processado
5 xícaras de água
1 colher (sopa) de margarina
2 xícaras de casca de banana verde cozida e picada
250 g de fígado picado em tirinhas finas
Sal e pimenta-do-reino a gosto
Queijo ralado

MODO DE PREPARO

1. Refogue o arroz no óleo com parte da cebola e do alho e o açafrão. Junte ao arroz a água, o sal e deixe cozinhar.
2. Leve ao fogo numa panela com margarina o restante do alho e da cebola e deixe dourar.
3. Acrescente sal e pimenta-do-reino a gosto e adicione a casca picada.
4. Refogue junto com o fígado por uns 5 minutos, sem parar de mexer, para fritar bem as tirinhas.
5. Acrescente a esse refogado o arroz cozido e misture bem.
6. Coloque essa mistura em uma fôrma refratária e leve ao forno.
7. Pulverize queijo ralado.

RENDIMENTO: 6 porções.

Arroz integral com banana verde

Ingredientes

2 xícaras de arroz

3 bananas verdes cozidas e inteiras

MODO DE PREPARO

1. Fazer o arroz normalmente.
2. Quando colocar a água, acrescente rodelas de bananas verdes com casca. Fica delicioso.

DICAS: Para o arroz à grega com casca de banana, faça o arroz normalmente e acrescente casca picadinha, cenoura e ervilha. A casca picadinha pode ser refogada em sopas, farofas, molhos, cuscuz, virados, refogados com carne e batata etc.

RENDIMENTO: Serve 8 pessoas.

Arroz integral com chá verde

Ingredientes

1 xícara de arroz integral
½ cebola picada
1 dente de alho amassado
2 colheres (sopa) de óleo
1 galho de tomilho
1 colher (chá) de chá verde
6 xícaras de água
Sal a gosto
1 xícara de casca de banana verde picada

MODO DE PREPARO

1. Lave o arroz e leve para cozinhar com 4 xícaras de água.
2. Com a água restante, faça uma infusão de chá verde e coe.
3. À parte refogue no óleo a cebola com o alho, o tomilho e a casca de banana picada.
4. Quando a água do arroz estiver secando, acrescente a infusão de chá, sal e o refogado do item 3.
5. Misture bem e deixe a água secar.

DICAS: Não faça uma infusão concentrada, pois o sabor se acentuará, e o arroz vai adquirir um tom amarronzado. Não cozinhe demais o arroz integral, pois perderá a consistência e a aparência. Não deixe o grão estourar.

RENDIMENTO: Serve 6 pessoas.

Arroz integral enriquecido

Ingredientes

1 xícara de casca de banana verde cozida e picada bem fininha
1 ½ xícara de cebola picada ou processada
2 xícaras de arroz-agulhinha integral
10 xícaras de água
1 colher (chá) cheia de açafrão
5 colheres (sopa) de queijo ralado
2 colheres (sopa) de margarina ou ½ xícara de óleo
Sal a gosto

MODO DE PREPARO

1. Leve ao fogo em uma panela a margarina ou o óleo e a cebola processada e deixe dourar.
2. Junte a casca da banana verde cortada bem fininha e deixe dourar.
3. Junte o arroz, lavado e escorrido, deixe fritar por alguns minutos.
4. Tempere com o sal e o açafrão.
5. Coloque a água, suficiente para o cozimento, mexa e deixe cozinhar.
6. Depois de cozido, coloque em uma travessa e polvilhe com queijo ralado.

DICA: Sirva como acompanhamento de carnes, frango assado etc.

RENDIMENTO: 8 a 10 porções.

Bacalhau à cremeban

Ingredientes

4 postas grandes de bacalhau
5 bananas verdes cruas descascadas e fatiadas no comprimento
250 ml de leite
250 ml de água
250 ml de azeite de oliva extravirgem
6 cebolas médias cortadas em fatias grossas
2 pimentões verdes cortados em rodelas
1 lata de creme de leite sem soro
1 xícara de biomassa P
Noz-moscada, pimenta-do-reino e sal a gosto

MODO DE PREPARO

1. Dessalgue as postas de bacalhau por aproximadamente 12 horas antes de processar.
2. Escorra a água salgada e enxágue bem as postas para remover o sal residual.
3. Deixe de molho em uma mistura da água com o leite por cerca de 6 horas.
4. Escorra esse caldo.
5. Tempere com pimenta-do-reino, noz-moscada e regue metade do azeite sobre as postas.
6. Acrescente a banana verde fatiada, a cebola cortada e o pimentão.
7. Regue essa mistura com a outra metade do azeite.
8. Se desejar, tempere com mais sal.
9. Coloque numa assadeira coberta com papel de alumínio.
10. Leve ao forno médio por cerca de 20 minutos.
11. Bata o creme de leite com a biomassa P e sal.
12. Despeje sobre o bacalhau, misturando bem.
13. Volte ao forno, para gratinar.
14. Sirva quente.

RENDIMENTO: 10 porções.

Baião de dois paulista

Ingredientes

1 xícara de arroz
4 colheres (sopa) de óleo
1 ½ xícara de cebola picada
2 dentes de alho picados
1 xícara de feijão cozido
200 g de carne de segunda
200 g de linguiça
3 colheres (sopa) de margarina
2 colheres (sopa) de salsa picada
1 xícara de casca de banana verde cozida e picada
2 xícaras de água

MODO DE PREPARO

1. Refogue o arroz com o óleo, a cebola e o alho.
2. Junte a água e deixe cozinhar.
3. Cozinhe o feijão e a carne picada em panelas diferentes e reserve.
4. Retire a tripa da linguiça, junte a casca da banana picada e frite-as na margarina, em uma outra panela.
5. Junte à linguiça com a casca de banana a carne já desfiada, o arroz e o feijão.
6. Mexa ligeiramente.
7. Prove o sal e por último acrescente a salsa.
8. Sirva quente com saladas verdes sortidas.

RENDIMENTO: 6 porções.

Banana palha

Ingredientes

10 bananas verdes

Água o suficiente para cobrir as bananas

Óleo para fritura

MODO DE PREPARO

1. Cozinhe a banana verde na pressão por 4 minutos, após o sinal de pressão.
2. Espere baixar a pressão e abra a panela.
3. Escorra toda a água e coloque água fria para resfriar logo a banana.
4. Escorra e aguarde a banana esfriar bem.
5. Descasque e corte no cortador de batata palha ou em rodelas bem finas.
6. Frite como se fosse batata palha ou chips.

RENDIMENTO: 2 bananas verdes por pessoa.

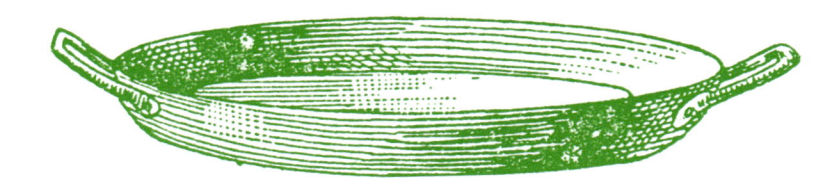

Banana verde à camponesa

Ingredientes

2 cubos de caldo de carne
1 xícara de água
1 kg de banana verde cozida com casca
3 tomates picados
1 cebola grande processada ou picada
½ xícara de azeitonas verdes picadas
1 xícara de casca de banana verde cozida e picada
100 g de mozarela ralada grossa
Sal a gosto

MODO DE PREPARO

1. Ponha numa panela a água, os cubos de caldo de carne, as bananas cozidas cortadas em rodelas, o sal e a casca picada.
2. Ferva e deixe secar bem a água.
3. Junte a essa mistura o tomate picado, a azeitona, a cebola processada e verifique o sal.
4. Coloque tudo num pirex médio, untado fartamente com margarina.
5. Cubra com a mozarela e leve ao forno médio por 15 minutos, para gratinar.
6. Sirva bem quente, como entrada.

RENDIMENTO: 4 a 6 porções.

Bobó de peixe com banana verde

Ingredientes

400 g de filé de merluza
1 limão
6 xícaras de banana verde cozida e picada
½ cebola média picada
2 dentes de alho picados
3 xícaras de casca de banana verde cozida e picada
4 colheres (sopa) de óleo
3 xícaras de tomates picados
1 xícara de leite
1 colher (sopa) de coentro fresco picado
Sal a gosto

MODO DE PREPARO

1. Corte os filés em pedaços grandes e tempere com limão e sal. Reserve na geladeira.
2. Cozinhe 8 a 9 bananas verdes na panela de pressão por 12 a 15 minutos, abra-a imediatamente debaixo da torneira e escorra a água. Tire as cascas e deixe as bananas amornarem.
3. Corte as polpas em cubos e reserve uma quantidade correspondente a 6 xícaras.
4. Corte as cascas em pedacinhos e deixe de molho na água com limão e reserve.
5. Em outra panela doure a cebola e o alho, acrescentando os tomates picados.
6. Escorra a casca de banana verde picada e junte ao refogado de cebola, alho e tomate.
7. Junte o peixe e o leite e deixe cozinhar nesse molho, verificando o sal.
8. Adicione a banana picada em cubos e o coentro, mexendo levemente.
9. Deixe ferver para apurar um pouco mais.
10. Sirva quente.

DICA: É ideal para comer com arroz.

RENDIMENTO: 8 porções.

Bolinhos com casca de banana

Ingredientes
1 ½ xícara de casca de banana verde cozida e picada
1 ovo inteiro
3 colheres (sopa) de água ou leite
10 colheres (sopa) de farinha de trigo
1 xícara de biomassa P
4 colheres (sopa) de açúcar (se desejar doce)
4 colheres (sopa) de queijo ralado (se desejar salgado)
Sal (ou açúcar) a gosto
Óleo para fritar

MODO DE PREPARO

1. Coloque numa panela a biomassa P com o leite ou a água, mexendo para desmanchar bem e aquecer a biomassa P. Tire do fogo e despeje no liquidificador e bata com a casca de banana verde, o ovo, o sal e reserve.
2. Numa tigela coloque a farinha de trigo e o açúcar (se for doce) ou o queijo ralado (se for salgado). Sobre essa mistura despeje a mistura do liquidificador, amasse bem e, se for necessário, acrescente mais farinha de trigo até dar o ponto para fazer os bolinhos e fritar. Pode também fritar de colherada.

DICA: Se os bolinhos forem doces, sirva-os polvilhados com açúcar e canela. Se forem salgados, sirva-os bem quentinhos.

RENDIMENTO: 12 bolinhos de 45 g.

Boloban salgado de canjiquinha

Ingredientes
2 xícaras de canjiquinha
4 xícaras de água
2 ½ xícaras de biomassa E preparada com leite
1 xícara de casca de banana verde cozida e picada
1 ovo inteiro
1 colher (sopa) de margarina
1 xícara de tomate picado
3 colheres (sopa) de queijo ralado
2 colheres (sopa) de salsa picada
Sal a gosto

MODO DE PREPARO

1. Prepare a biomassa E com leite e, depois de batido, junte o ovo e a margarina.
2. Bata novamente e reserve.
3. Prepare a canjiquinha, colocando-a de molho na água cerca de 3 horas antes como se fosse arroz.
4. Depois de cozida, coloque a canjiquinha numa vasilha.
5. Junte a casca da banana verde, o tomate, a salsa, sal a gosto e o queijo ralado.
6. Mexa bem e adicione a mistura que está no liquidificador; torne a mexer tudo muito bem.
7. Coloque a mistura em refratário untado e enfarinhado.
8. Leve ao forno preaquecido até dourar.

DICA: Sirva como entrada para peixe, camarão ou carne ensopada.

RENDIMENTO: 8 a 10 porções.

Brasileirinho verde

Ingredientes
1 xícara de feijão cozido
2 xícaras de arroz cozido e temperado
1 cebola média processada
3 colheres (sopa) de margarina
2 dentes de alho picados
4 ovos inteiros
1 xícara de casca de banana verde cozida e picada
4 colheres (sopa) de salsa picada
1 xícara de farinha de mandioca torrada
1 xícara de banana madura picada (opcional)
Sal a gosto

MODO DE PREPARO

1. Cozinhe o feijão e reserve.
2. Faça o arroz normalmente, ou utilize o arroz que sobrou de alguma outra refeição.
3. Refogue a casca de banana verde picadinha com 3 colheres de margarina, a cebola processada, o sal e o alho até a cebola e o alho dourarem.
4. Por último acrescente os ovos, mexendo sempre.
5. Mexa bem como um viradinho até soltar da panela.
6. Acrescente o arroz e, ainda mexendo bem, junte o feijão e a farinha de mandioca. Não pare de mexer com o garfo.
7. Verifique o sal e, se necessário, salgue mais.
8. Por último junte a banana madura cortada em pedaços e a salsa bem picadinha.
9. Mexa tudo delicadamente.

DICA: É uma entrada para comer com lombo assado, lagarto de panela, costela etc. É uma receita bem típica da roça.

RENDIMENTO: 6 porções.

Camarão gratinado

Ingredientes

300 g de camarão fresco e limpo
1 colher (sopa) de margarina
2 dentes de alho picados
½ cebola grande picada
1 lata de creme de leite
150 g de biomassa P
50 g de queijo ralado
1 pitada de noz-moscada
1 colher (sopa) de salsa picada
Suco de 1 limão
Sal e pimenta-do-reino a gosto

MODO DE PREPARO

1. Tempere o camarão com sal e com o suco de limão.
2. Refogue a cebola e o alho processado na margarina para dourar bem.
3. Junte o camarão, deixe refogar por alguns minutos. Reserve.
4. Bata no liquidificador a biomassa, o creme de leite, a noz-moscada, a salsa e a pimenta.
5. Despeje esse molho sobre o camarão e leve tudo de novo ao fogo.
6. Mexa bem para o molho engrossar.
7. Quando estiver encorpado, coloque num prato refratário de borda alta.
8. Polvilhe com queijo ralado.
9. Gratine no forno ou no micro-ondas.
10. Sirva com arroz branco.

RENDIMENTO: 4 porções.

Canjiquinha especial

Ingredientes

7 colheres (sopa) de óleo
2 xícaras (chá) de cebola processada
2 dentes de alho processado ou espremido
300 g de acém bovino
1 colher (sopa) de orégano
1 xícara de cenoura picada em cubos
1 xícara de banana verde cozida e picada em rodelas
1 xícara de casca de banana verde cozida e picada
1 xícara de abobrinha picada em cubos
2 xícaras de tomate picado
200 g de milho quebrado (canjica amarela)
Água o suficiente para cozinhar a carne e a canjica
1 colher (sopa) de salsa picada
Sal a gosto

MODO DE PREPARO

1. Em uma panela refogue 5 colheres de óleo com ½ xícara de cebola e 1 dente de alho. Junte a carne cortada em cubinhos.
2. Frite muito bem até a carne ficar dourada.
3. Acrescente o sal, o orégano e água suficiente para cozinhar a carne até ficar macia.
4. Corte a cenoura e a abobrinha em cubos e junte-as ao caldo da carne, para cozinharem juntos.
5. Adicione o tomate, a casca da banana verde picada e, por último, a banana verde cozida cortada em rodelas.
6. Deixe tudo cozinhando até todos os ingredientes ficarem tenros e reserve.
7. À parte, cozinhe a canjiquinha com o restante da cebola, alho, óleo, água e sal, como se fosse arroz.
8. Arrume a canjiquinha ao redor de um prato e coloque no centro a carne com os legumes.
9. Salpique a salsa e sirva quente como prato de entrada.

RENDIMENTO: 6 porções.

Cascaban *au gratin*

Ingredientes

1 kg de banana verde cozida
1 lata de creme de leite
400 g de biomassa E preparada com leite
Margarina ou manteiga para untar
2 dentes de alho picados
Queijo ralado a gosto
Sal a gosto

MODO DE PREPARO

1. Cozinhe a banana verde.
2. Deixe esfriar e corte em rodelas com a casca.
3. Misture o creme de leite, a biomassa E preparada com leite, o alho picado e tempere com sal a gosto.
4. Leve ao fogo até começar a ferver.
5. Despeje um pouco desse creme em uma assadeira untada com margarina ou manteiga e intercale com camadas de banana e queijo ralado.
6. Asse em forno preaquecido até que a banana esteja bem recozida.
7. Deixe o creme gratinar.

RENDIMENTO: 8 a 10 porções.

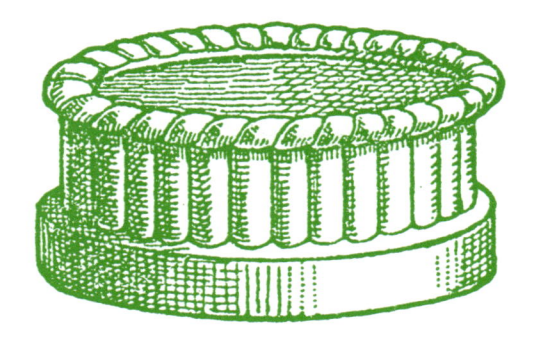

Cascovo à cremeban

Ingredientes

6 ovos

1 xícara de casca de banana verde

1 colher (sopa) de maioneseban (ver receita na página 158)

1 colher (sopa) de mostarda

1 pitada de páprica

Sal a gosto

MODO DE PREPARO

1. Cozinhe os 6 ovos até ficarem duros.
2. Descasque e corte os ovos ao meio, no sentido do comprimento.
3. Cuidadosamente retire as gemas e passe-as na peneira para obter um pó amarelinho.
4. Junte ao pó de gemas a maioneseban, a páprica, a casca bem picadinha e a mostarda.
5. Verifique o sal.
6. Preencha as claras duras do ovo cozido com essa mistura.
7. Cubra com cremeban e queijo ralado.

CREMEBAN DE QUEIJO

Ingredientes

1 xícara de biomassa P

1 caixa de creme de leite

Sal e noz-moscada a gosto

5 colheres (sopa) de queijo ralado

MODO DE PREPARO

1. Ponha numa panela a biomassa P com o sal, o creme de leite e a noz-moscada.
2. Leve essa mistura ao fogo para engrossar.
3. Bata quente no liquidificador.
4. Despeje-a sobre os ovos recheados.
5. Pulverize com queijo ralado.
6. Leve ao forno para gratinar.

RENDIMENTO: 6 porções.

Champignons sautés à la cascaban

Ingredientes

200 g de *champignons* frescos, lavados e fatiados
200 g de casca de banana verde cozida e picada
200 g de outro tipo de cogumelo (*shiitake*, *porcini*, *shimeji*) frescos, lavados e fatiados
2 dentes de alho processados
½ cebola grande processada
100 g de manteiga
2 colheres (sopa) de azeite de oliva extravirgem
2 colheres (sopa) de salsa picada
Sal a gosto

MODO DE PREPARO

1. Coloque numa frigideira o azeite, a manteiga, o alho, a cebola e a casca de banana verde picada.
2. Refogue e frite até dourar.
3. Acrescente os dois tipos de cogumelos, após terem sido lavados e cortados, e o sal a gosto, refogando-os em fogo alto.
4. Por último misture a salsa e sirva.
5. Sirva acompanhando carnes, macarrão etc.

RENDIMENTO: 700 ml.

Chop suey de banana verde

Ingredientes

1 xícara de óleo
1 pimentão verde cortado em tiras finas
1 pimentão amarelo cortado em tiras finas
1 pimentão vermelho cortado em tiras finas
1 picles de coração de banana verde
3 talos de salsão cortados em rodelas finas
3 cascas de banana verde cozidas picadas em tiras finas
1 cenoura grande ralada grossa
600 g de filé de peito de frango ou de filé *mignon* desfiado
1 xícara de broto de feijão
1 xícara de purê de tomate
½ xícara de biomassa P
1 xícara (café) de suco de abacaxi
2 xícaras (café) de molho de soja
Sal e pimenta-do-reino a gosto

MODO DE PREPARO

1. Numa frigideira bem larga, aqueça o óleo.
2. Rapidamente refogue os pimentões, o salsão, as cascas de banana picadas e a cenoura.
3. Junte o filé *mignon* ou o filé de peito de frango já temperado com sal e pimenta-do-reino.
4. Mexa e remexa, até que a carne mude de cor.
5. Despeje o purê de tomate batido com a biomassa P, o suco de abacaxi e o molho de soja, previamente aquecidos e batidos no liquidificador.
6. Verifique o sal.
7. Cozinhe o molho por 3 a 5 minutos, juntando o picles de coração e casca de banana verde pronto (ver receita na página 232).
8. Acrescente o broto de feijão e cozinhe mais alguns minutos.
9. Sirva bem quente.

RENDIMENTO: 8 porções.

Chucrute de salsicha com cascaban

Ingredientes

3 xícaras de repolho branco
Água quente
Sal a gosto
3 colheres (sopa) de óleo
½ xícara de cebola picada ou processada
1 dente de alho amassado
1 xícara de casca de banana verde picada
½ xícara de vinagre
3 salsichas em rodelas

MODO DE PREPARO

1. Corte o repolho em tiras fininhas e coloque de molho em água quente e sal por 2 ou 3 horas.
2. Escorra e esprema para tirar toda a água.
3. Refogue o alho e a cebola no óleo.
4. Frite bem e junte a casca picada e as salsichas em rodelas.
5. Acrescente o repolho e refogue bem.
6. Adicione vinagre e deixe secar.
7. Sirva quente ou frio.

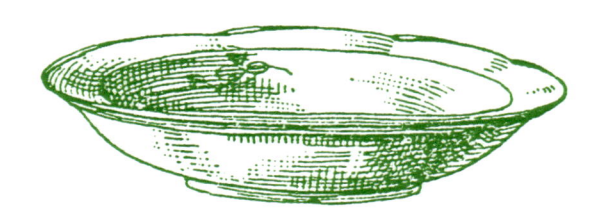

RENDIMENTO: 6 porções.

Cremeban de agrião

Ingredientes

½ cebola média picada
1 xícara de biomassa P
1 xícara de leite
½ maço de agrião com os talos
1 ½ xícara de tomate picado
2 colheres (sopa) de salsa picada
6 xícaras de água
Sal a gosto
1 cubo de caldo de legumes
½ lata de creme de leite (opcional)

MODO DE PREPARO

1. Ferva a água e nela acrescente o agrião, o tomate, a salsa, a cebola, o sal e o cubo de caldo de legumes.
2. Deixe ferver até o agrião ficar macio.
3. Ponha a biomassa P no leite e ferva.
4. Quando levantar fervura, bata no liquidificador para desmanchar bem e reserve.
5. Quando o agrião estiver cozido e macio, bata no liquidificador junto com o caldo, o tomate, a salsa e a mistura de leite de biomassa P já batidos.
6. Bata tudo muito bem e verifique o sal.
7. Se quiser, bata junto mais um cubo de caldo de legumes.
8. Volte essa mistura ao fogo.
9. Se ficar muito espessa, junte mais uma xícara de leite e deixe levantar fervura.
10. Se preferir, junte ½ lata de creme de leite na hora de servir.

RENDIMENTO: 6 porções.

Crepeban de beterraba

MASSA

Ingredientes

- ½ xícara de beterraba picada
- 4 xícaras de água
- 1 xícara de farinha de trigo
- ½ xícara de leite
- 1 ovo inteiro
- 1 colher (sopa) de margarina
- 3 colheres (sopa) de óleo
- Sal a gosto

MODO DE PREPARO

1. Cozinhe a beterraba, depois coe e deixe esfriar. Reserve a água do cozimento para o molho.
2. Bata no liquidificador a beterraba e os demais ingredientes, exceto o óleo.
3. Unte uma frigideira com um pouco de óleo e deixe aquecer.
4. Espalhe uma pequena porção de massa na frigideira e frite de um lado só.
5. Repita a operação até terminar toda a massa. Reserve.

RECHEIO

Ingredientes

- ½ cebola grande picada ou processada
- 1 xícara de casca de banana verde cozida e picada bem fina
- 1 dente de alho picado
- 2 colheres de óleo
- 250 g de carne moída
- Sal a gosto

MODO DE PREPARO

1. Doure em uma panela a cebola e o alho, junte a carne moída e o sal.
2. Refogue bem e, quando a carne esfriar, junte a casca de banana picada bem fininha.
3. Deixe cozinhar e reserve.

MOLHO

Ingredientes
½ xícara de cebola picada ou processada
1 colher (sopa) de margarina
Sal a gosto
1 xícara de biomassa P
½ xícara de leite
½ xícara de água de beterraba

MODO DE PREPARO

1. Doure a cebola na margarina e reserve.
2. Numa panela ponha o leite e a biomassa P e leve para ferver.
3. Quando estiver fervendo, bata no liquidificador.
4. Junte o sal e despeje essa mistura sobre a cebola dourada, voltando com a panela ao fogo, mexendo bem para engrossar.
5. Vá acrescentando a água de beterraba, mexendo bem para não criar grumos.
6. Ferva, mexendo sempre, até o ponto de molho branco espesso.
7. Para montar os crepes, coloque o recheio e dobre a massa sobre o recheio duas vezes.
8. Arrume em prato e cubra com o molho. Sirva quente. Se quiser, pulverize queijo ralado grosso.

DICA: Se preferir, pode substituir a carne moída do recheio pela mesma quantidade de frango desfiado ou ricota.

RENDIMENTO: 10 porções.

Croqueteban de carne

Ingredientes

½ xícara de cebola grande picada
1 colher (sopa) de óleo
250 g de carne moída
2 xícaras de casca de banana verde cozida e picada
2 xícaras de biomassa P
1 xícara de tomate picado
3 colheres (sopa) de farinha de trigo
2 ovos
½ xícara de leite
1 colher (sopa) de salsa picada
6 colheres (sopa) de farinha de rosca
Sal e pimenta a gosto
Óleo para fritar

MODO DE PREPARO

1. Doure a cebola no óleo.
2. Junte a carne moída e a casca picada.
3. Refogue, mexendo sempre, até secar.
4. Acrescente o sal, o tomate e a pimenta.
5. Retire do fogo e junte a biomassa P e 1 gema de ovo.
6. Dissolva no leite e vá acrescentando a farinha de trigo, mexendo bem, e a pimenta.
7. Volte ao fogo e cozinhe a massa até soltar do fundo da panela.
8. Coloque a salsa e retire do fogo.
9. Deixe esfriar completamente e modele os croquetes.
10. Passe na farinha de rosca, no restante dos ovos batidos e novamente na farinha de rosca.
11. Frite em óleo quente até dourar.
12. Escorra sobre toalha de papel e sirva.

RENDIMENTO: 20 croquetes de 50 g.

Croqueteban de chuchu

Ingredientes

5 xícaras de chuchu picado e cozido ou outra opção (ver "Dica")
1 cubo de caldo de carne
2 xícaras de biomassa P
2 xícaras de casca de banana verde cozida e picada fina
2 xícaras de farinha de trigo
1 cebola picada
2 dentes de alho picado
1 colher (sopa) de açafrão em pó
5 colheres (sopa) de farinha de trigo (para empanar)
Salsa picada a gosto
Sal a gosto
Óleo para fritar

MODO DE PREPARO

1. Lave, pique e cozinhe o chuchu ou a outra opção.
2. Numa tigela, misture a farinha de trigo ao açafrão em pó e reserve.
3. Retire do fogo, coe a água e acrescente o caldo de carne, a biomassa, a casca da banana verde, a cebola, e acrescente aos poucos a mistura da farinha reservada, o alho picado e o sal.
4. Misture tudo muito bem e leve ao fogo para cozinhar até soltar do fundo da panela.
5. Junte a essa massa a salsinha picada, mexa bem e deixe esfriar completamente.
6. Uma vez frio, modele os croquetes, passe na farinha de trigo e frite em óleo quente até ficarem dourados.

DICA: Se quiser, pode substituir o chuchu por abóbora, abobrinha, couve-flor ou mandioquinha na mesma quantidade.

RENDIMENTO: 8 a 10 porções.

Cuscuz de frango

Ingredientes

- 4 tomates cortados em rodelas para enfeitar
- 4 ovos cozidos
- 2 xícaras de frango cozido e desfiado
- 3 xícaras de caldo de frango quente
- 1 xícara (café) de salsa e cebolinha picadas
- 1 vidro pequeno de palmito
- 1 caixa de purê de tomate
- 2 cubos de caldo de legumes
- ½ kg de farinha de milho
- 1 colher (sopa) de farinha de mandioca crua
- 1 xícara de biomassa P
- 1 xícara de casca de banana verde cozida e picada
- 1 xícara de óleo
- Azeitona verde a gosto
- Sal a gosto
- 1 xícara de água fervente

MODO DE PREPARO

1. Faça um refogado com o frango cozido e desfiado.
2. Junte a casca da banana verde picada, o palmito e a azeitona. Reserve.
3. No liquidificador coloque a biomassa P dissolvida em 1 xícara de água fervente junto com o caldo de frango.
4. Adicione ½ caixa de purê de tomate, bata tudo e despeje essa mistura no refogado.
5. Leve ao fogo para engrossar bem.
6. Bata no liquidificador o restante do purê de tomate com os tabletes de caldo de legumes.
7. Misture ao restante do molho, mexendo bem, e reserve.
8. Numa tigela ponha a farinha de milho, o sal, o óleo, a farinha de mandioca e por último o refogado com o molho.
9. Mexa no fogo até engrossar.
10. Despeje em uma fôrma com furo central, previamente untada com óleo.
11. Decore a gosto.
12. Leve ao micro-ondas por 5 a 8 minutos, em potência alta.
13. Desenforme frio.
14. Sirva quente ou frio.

RENDIMENTO: 15 a 18 porções.

Ensopadão feijãoban

Ingredientes

6 xícaras de banana verde cozida e picada em cubos
1 ½ xícara de feijão cozido
2 colheres (sopa) de óleo
2 fatias de toucinho picado
¾ xícara de cebola picada
2 dentes de alho picados
350 g de acém bovino cortado em cubos
1 xícara de tomate picado
Sal a gosto

MODO DE PREPARO

1. Refogue o toucinho picado com o óleo, a cebola e o alho.
2. Junte a carne cortada em cubos e deixe cozinhar até ficar macia. Se necessário, adicione umas colheradas de água, para não grudar no fundo e fazer molho.
3. Depois de cozinhar a carne, junte o tomate, o feijão cozido (com o caldo) e a banana cozida picada em cubos.
4. Leve toda essa mistura ao fogo para ferver e acrescente sal a gosto.
5. Sirva com arroz branco.

RENDIMENTO: Serve 8 pessoas.

Escalopinho agridoce

ESCALOPINHO

Ingredientes

1 kg de filé *mignon* cortado em bifes grossos
3 colheres (sopa) de vinagre
Sal e orégano a gosto

MODO DE PREPARO

1. Tempere os bifes e deixe marinar por 30 minutos.
2. Aqueça a chapa e grelhe os bifes até dourar.
3. Retire e coloque em uma travessa. Reserve.

MOLHO AGRIDOCE

Ingredientes

1 xícara de biomassa P
3 colheres (sopa) de vinagre
1 colher (sopa) de molho de soja
3 colheres (sopa) de *ketchup*
1 colher (chá) de açúcar (opcional)
2 xícaras de água
2 colheres (sopa) de óleo
1 xícara de casca de banana verde picada
2 pimentões verdes cortados
4 fatias grossas de abacaxi cortadas em cubinhos

MODO DE PREPARO

1. Coloque no liquidificador a biomassa P, a água, o vinagre, o *ketchup*, o alho e o açúcar (se preferir).
2. Bata bem e reserve.
3. Aqueça o óleo numa panela e frite ligeiramente o pimentão, a casca da banana verde picada e por último o abacaxi.
4. Junte o molho de soja aos poucos.
5. Adicione a mistura do liquidificador, mexendo até engrossar.
6. Coloque esse molho sobre os bifes.
7. Sirva bem quente, acompanhado de arroz branco.

RENDIMENTO: 8 a 10 porções.

Esfiha

MASSA

Ingredientes

1 ½ colher (sopa) de fermento biológico fresco
2 colheres (sopa) de açúcar
1 xícara de água morna
5 colheres (sopa) de óleo
½ colher (sopa) de sal
2 xícaras de biomassa P
3 xícaras de farinha de trigo
1 gema para pincelar

MODO DE PREPARO

1. Dissolva o fermento no açúcar e junte a água morna, o óleo, o sal e a biomassa P.
2. Bata essa mistura no liquidificador por um minuto.
3. Coloque a farinha de trigo em uma vasilha grande.
4. Acrescente a ela o conteúdo do liquidificador e amasse bem até soltar das mãos.
5. Cubra e deixe dobrar o tamanho.
6. Enquanto a massa descansa prepare o recheio.

RECHEIO DE CASCA DE BANANA

Ingredientes

1 ½ cebola grande picada
2 colheres (sopa) de azeite de oliva extravirgem
3 xícaras de casca de banana verde cozida e picada
2 xícaras de biomassa E preparada com leite
Azeitona picada a gosto
½ xícara de creme de leite
Sal a gosto

MODO DE PREPARO

1. Refogue a cebola no azeite.
2. Junte a casca e a azeitona picadas e o sal e deixe fritar um pouco.
3. Acrescente a esse refogado a biomassa E de leite e ferva até engrossar bem.
4. Por último junte o creme de leite e verifique o sal.
5. Mexa bem e retire do fogo, para não deixar o creme de leite ferver.

MONTAGEM

1. Abra a massa com um rolo e corte em círculos de aproximadamente 15 cm.
2. Coloque o recheio e feche as esfihas em forma de triângulo.
3. Ponha as esfihas numa assadeira untada e enfarinhada.
4. Pincele com a gema batida.
5. Asse em forno preaquecido até dourar.

RENDIMENTO: 8 porções.

RECHEIO DE RICOTA PARA ESFIHA E PANQUECA

Ingredientes

- 2 xícaras de cebola processada
- 3 colheres (sopa) de azeite de oliva extravirgem
- 1 colher (sopa) de manjericão picado fino
- 3 xícaras de casca de banana verde cozida e picada fina
- 2 xícaras de ricota amassada com garfo
- Azeitona verde picada a gosto
- Sal a gosto

MODO DE PREPARO

1. Em uma panela refogue a cebola no azeite.
2. Junte a casca e o manjericão picados finos e o sal.
3. Deixe cozinhar, acrescente as azeitonas picadas, misture bem e retire do fogo.

MONTAGEM

1. Abra a massa com rolo e corte em círculo de aproximadamente 15 cm.
2. Coloque o recheio misturado à ricota bem amassada e feche as esfihas em forma de triângulo.
3. Coloque as esfihas em assadeira untada e enfarinhada e pincele com a gema batida.
4. Asse em forno preaquecido até dourar.

RENDIMENTO: 10 a 12 porções.

Estrogonofe oriental com filé de peito de peru

Ingredientes

300 g de peito de peru temperado e cortado em tiras largas
1 cenoura cortada em palitos finos
1 cebola pequena cortada em tiras
100 g de ervilha torta fresca cortada na diagonal
3 cebolinhas picadas
100 g de cogumelos frescos fatiados
1 colher (chá) de gengibre fresco ralado
200 g de creme de leite
1 dente de alho fatiado
Pimenta-do-reino moída na hora a gosto
Manteiga para grelhar
200 g de casca de banana verde picada

MODO DE PREPARO

1. Leve para grelhar as tiras de peito de peru com um pouco de manteiga. Reserve.
2. Grelhe todos os legumes um a um, mantendo-os mais rijos.
3. Por último grelhe os cogumelos e reserve com os legumes.
4. Na mesma frigideira doure o alho.
5. Acrescente o gengibre, a pimenta e o creme de leite.
6. Junte todos os outros ingredientes e misture bem.
7. Na hora de servir jogue por cima a cebolinha picada.

DICA: Desejando um prato mais exótico, junte aos legumes grelhados 200 g de coração de banana em conserva.

RENDIMENTO: 8 porções.

Feijãoban à brasileirinha

Ingredientes

2 xícaras de feijão
2 ½ ℓ de água
1 colher (chá) bem cheia de urucum ou colorau
2 colheres (chá) de cebola processada
2 dentes de alho
2 folhas de louro
2 tabletes de tempero de feijão
Sal a gosto
1 xícara de biomassa P
2 colheres (sopa) de óleo

MODO DE PREPARO

1. Escolha o feijão e lave-o bem.
2. Coloque numa vasilha funda e cubra com água. De preferência, deixe de molho na véspera.
3. Escorra e coloque na panela de pressão com a água e o louro.
4. Após a pressão, cozinhe por 25 a 30 minutos e reserve.
5. Abra a panela e retire umas 6 conchas da água do feijão.
6. Bata no liquidificador com a biomassa P, mais o tempero do feijão, o urucum ou o colorau e o sal e reserve.
7. Refogue no óleo a cebola e o alho e deixe fritar bem.
8. Junte ao refogado umas 3 conchas de feijão cozido e volte o refogado para a panela de pressão.
9. Sobre esse feijão despeje a mistura do liquidificador.
10. Mexa bem, até levantar fervura, mantendo a panela no fogo.
11. Deixe ferver, mexendo sem parar, até obter um caldo grosso.
12. Verifique o sal e sirva com arroz branco.

RENDIMENTO: 6 a 8 porções.

Filés de robalo com Catupiry

Ingredientes
- 6 filés de robalo
- 2 dentes de alho picados
- Sal a gosto
- 3 colheres (sopa) de suco de limão
- Noz-moscada a gosto
- 10 colheres (sopa) de queijo ralado

MOLHO

Ingredientes
- 220 g de requeijão do tipo Catupiry
- 3 colheres (sopa) de manjericão picado
- 1 pimentão verde grande picado
- 1 xícara de *champignon* picado
- 2 tomates cortados em cubos
- ½ xícara de suco de abacaxi
- ½ xícara de biomassa P
- 1 xícara de casca de banana picada
- Sal a gosto

MODO DE PREPARO
1. Tempere os filés de robalo com alho, sal, suco de limão e noz-moscada.
2. Deixe marinar no tempero por 20 a 30 minutos.
3. Bata o requeijão do tipo Catupiry com a biomassa P no processador.
4. Junte o manjericão, a casca picada e sal a gosto.
5. Ponha num prato refratário untado com manteiga algumas colheradas da mistura de Catupiry.
6. Espalhe alternadamente o pimentão, o *champignon* e os tomates.
7. Coloque os filés de robalo e vá alternando até os ingredientes terminarem.
8. Por último coloque o suco de abacaxi e o queijo ralado.
9. Leve ao micro-ondas por 8 a 12 minutos.
10. Sirva acompanhado de arroz.

RENDIMENTO: 6 porções.

Frigideira de carne

Ingredientes

- 3 ovos inteiros
- ½ xícara de farinha de trigo
- 2 colheres (chá) de fermento em pó
- 1 sachê de tempero do tipo Sazon "marrom"
- Sal a gosto
- 3 colheres (sopa) de óleo
- 1 xícara de casca de banana verde
- 1 xícara de carne moída
- ½ xícara de biomassa P

MODO DE PREPARO

1. Bata os ovos com a biomassa P e junte o óleo e o sal. Bata e reserve.
2. Numa tigela, coloque a farinha de trigo, o tempero do tipo Sazon, o fermento e o sal.
3. Sobre essa mistura coloque a massa batida e amasse bem até homogeneizar.
4. Numa frigideira grande, aqueça o óleo e espalhe metade da massa homogeneamente.
5. Distribua sobre ela a carne moída já preparada com a casca de banana.
6. Cubra com a massa restante.
7. Leve ao forno médio por 8 a 10 minutos.
8. Retire do forno e sirva quente na própria frigideira.

RENDIMENTO: 6 porções.

Hambúrguer de banana verde

Ingredientes

10 bananas verdes cozidas com a casca
350 g de carne moída
3 cubos de caldo de carne
2 colheres (sopa) de colorau ou urucum moído
Alho, cebolinha, salsa, cebola e sal a gosto

MODO DE PREPARO

1. Limpe as bananas cozidas com a casca, cortando a ponta e o cabinho.
2. Moa a carne e as bananas com a casca.
3. Junte os temperos já moídos. Caso a massa fique muito mole, esprema em um pano para tirar o excesso de água.
4. Coloque a massa para secar em fogo brando, em estufa ou ao sol.
5. Após processar em fôrma própria de fazer hambúrguer, embale em plásticos próprios e coloque no congelador.

RENDIMENTO: 20 hambúrgueres de 50 g.

Língua ao molhoban

Ingredientes

450 g de língua
Água suficiente
Sal a gosto
3 colheres (sopa) de óleo
2 dentes de alho picados
1 xícara de tomate picado
1 xícara de pimentão verde
2 colheres (sopa) de vinagre
3 colheres (sopa) de biomassa P
1 xícara de casca de banana verde picada
1 ½ xícara de cebola picada
1 envelope de concentrado de carne em pó
1 xícara de água fervente
Molho inglês (opcional)

MODO DE PREPARO

1. Cozinhe a língua em água e sal.
2. Depois de cozida, limpe-a, retirando toda a pele. Fatie a língua e reserve.
3. Em uma frigideira grande, prepare um refogado com alho, óleo, cebola, pimentão, casca de banana verde picada e tomate picado.
4. Junte o vinagre, deixe formar molho e aí adicione a língua fatiada. Deixe apurar o molho.
5. Junte, no liquidificador, 1 xícara de água fervente, a biomassa P e o concentrado de carne em pó e bata.
6. Se desejar, pode acrescentar molho inglês e uma pitada de sal.
7. Junte essa mistura à língua que está cozinhando na panela do molho.
8. Misture e deixe engrossar a gosto.
9. Sirva bem quente.

RENDIMENTO: 6 porções.

Lombo recheado com banana verde

Ingredientes

- 1 kg de lombo
- 1 colher (sopa) de tempero do tipo Tempero Grill (especial para carnes)
- Suco de 1 limão
- 2 folhas de louro ou 2 colheres (café) de louro em pó
- ½ colher (sopa) de alecrim
- 4 folhas de sálvia
- 1 colher (sopa) de cheiro-verde picado
- 3 colheres (sopa) de manteiga ou margarina
- 3 colheres (sopa) de óleo
- 1 cebola grande picada
- 2 dentes de alho picados
- 4 fatias de presunto
- 2 tomates picados
- 2 maçãs pequenas picadas em cubos
- 1 xícara de farinha de mandioca
- 2 bananas verdes cozidas com casca
- Sal a gosto

MODO DE PREPARO

1. Com uma faca bem afiada faça um orifício no centro do lombo no sentido do comprimento.
2. Insira no lombo as bananas verdes cozidas e sem casca, envolvidas pelas fatias de presunto.
3. Misture o tempero do tipo Tempero Grill, o suco do limão, o louro, o alecrim, a sálvia, o cheiro-verde e o sal.
4. Deixe marinar nesse tempero por cerca de 1 hora, virando o lombo de vez em quando.
5. Enquanto isso, prepare a farofa.
6. Doure na manteiga ou margarina e no óleo a cebola, o alho e a casca de banana verde picada.
7. Acrescente o tomate e cozinhe-o até desmanchar.
8. Junte a maçã e, por último, a farinha de mandioca, misturando tudo.
9. Prove, para ver se precisa adicionar mais tempero no lombo.
10. Retire o lombo do tempero e coloque-o em uma assadeira untada.
11. Salpique nele pedacinhos de manteiga, regue com o tempero em que ficou e cubra com papel de alumínio.
12. Asse em forno médio por cerca de 1 hora e meia, regando de vez em quando com o molho que vai se formando.
13. Retire o papel de alumínio.
14. Deixe a carne dourar dos dois lados por mais ½ hora.
15. Sirva o lombo com farofa, arroz branco e salada verde.

RENDIMENTO: Serve 6 a 8 pessoas.

Macarrão com brócolis

Ingredientes

1 maço de brócolis limpo
½ pacote ou 250 g de macarrão do tipo gravatinha, parafuso ou *penne*
3 colheres (sopa) de manteiga
1 cebola ralada
300 g de creme de biomassa P feita com leite
Sal a gosto e açafrão para dar cor
1 colher (café) rasa de noz-moscada
Queijo parmesão ralado a gosto

MODO DE PREPARO

1. Cozinhe o brócolis na água fervendo com sal ou no vapor e reserve.
2. Cozinhe o macarrão *al dente* em 2 ½ litros de água com sal e 1 colher (sopa) de óleo.
3. Frite à parte a cebola ralada em 1 colher (sopa) de manteiga.
4. Junte o brócolis cozido e escorrido, mexendo bem.
5. Acrescente sal, se for necessário.
6. Junte o restante da manteiga ao brócolis escorrido. Mexa bem e reserve.
7. Ponha numa panela 300 g de biomassa feita com leite e leve ao fogo até ferver.
8. Bata essa mistura no liquidificador.
9. Acrescente o açafrão, sal e retorne ao fogo para engrossar.
10. Junte a noz-moscada ao creme fervente e reserve.
11. Misture esse creme ao brócolis.
12. Despeje sobre o macarrão e cubra com queijo ralado.
13. Sirva bem quente.

RENDIMENTO: Serve 4 a 6 pessoas.

Macarrão cremeban com miúdos de frango

Ingredientes

200 g de moela
200 g de fígado de frango
4 xícaras de macarrão *penne*
3 dentes de alho picados
4 colheres (sopa) de margarina
2 tomates picados
2 colheres (sopa) de salsa picada
2 xícaras de casca de banana verde cozida e picada
Sal a gosto

MODO DE PREPARO

1. Limpe e corte a moela em pedaços e leve para cozinhar em água com sal e 1 dente de alho picado até ficar macia.
2. Corte o fígado em pedaços e refogue na margarina com a casca de banana picada e o restante dos ingredientes.
3. Junte a moela já bem cozida e macia a esse refogado e deixe cozinhar mais um pouco, para pegar gosto.
4. Coloque, à parte, o macarrão para cozinhar.
5. Escorra e ponha numa travessa.
6. Sobre o macarrão cozido despeje o refogado.
7. Salpique a salsa e sirva quente.

RENDIMENTO: 4 porções.

Moela com banana verde

Ingredientes

400 g de moela
5 xícaras de água
2 colheres (sopa) de vinagre
5 fatias grossas de toucinho
1 xícara de cebola picada
2 dentes de alho picados
2 xícaras de casca de banana verde picada
2 cubos de caldo de galinha
5 xícaras de banana verde cozida em rodelas
1 colher (sopa) de salsa ou 1 colher (café) de páprica
Sal a gosto

MODO DE PREPARO

1. Limpe as moelas e deixe-as de molho em água e vinagre. Frite o toucinho, acrescente a cebola, o alho e a casca de banana.
2. Junte os cubos de caldo de galinha dissolvidos em 1 ℓ de água fervente e as moelas escorridas para cozinhar nesse caldo.
3. Deixe cozinhar até ficarem macias.
4. Junte a banana verde cozida em rodelas e deixe cozinhar mais um pouco.
5. Desligue o fogo, acrescente a salsa ou páprica e sirva.

RENDIMENTO: 6 porções.

Nhoqueban de arroz

Ingredientes

1 xícara de casca de banana verde picada
½ xícara de arroz lavado e escorrido
1 ½ xícara de água
1 ovo inteiro
1 colher (sopa) de salsa picada
3 xícaras de farinha de trigo
8 colheres (sopa) de óleo
Sal a gosto

MODO DE PREPARO

1. Cozinhe o arroz com a casca de banana verde.
2. Bata tudo no liquidificador.
3. Junte o ovo e a salsa.
4. Leve a massa ao fogo em uma panela.
5. Junte a farinha de trigo e o óleo.
6. Cozinhe, mexendo sempre, até soltar do fundo da panela. Verifique o sal.
7. Coloque a massa em uma vasilha, leve à geladeira e deixe esfriar bem.
8. Leve à mesa para enrolar e corte os nhoques.
9. Cozinhe aos poucos em água fervente, óleo e sal.
10. Retire-os quando subirem à superfície.
11. Sirva com o molhoban à bolonhesa (ver receita na página 168).

RENDIMENTO: 4 a 6 porções.

Nhoqueban de ricota com espinafre

MASSA

Ingredientes

- 1 maço de espinafre
- 600 g de ricota amassada
- 2 colheres (sopa) de biomassa P
- 3 colheres (sopa) de queijo ralado
- 2 claras batidas em neve
- Sal e noz-moscada a gosto
- 2 colheres (sopa) de farinha de trigo (para a massa)
- 3 colheres (sopa) de farinha de trigo (para passar os nhoques)

MODO DE PREPARO

1. Limpe, lave e afervente o espinafre.
2. Aperte bem para retirar toda a água.
3. Pique bem e misture com a ricota, o queijo ralado, as claras, o sal, a noz-moscada, a biomassa P e a farinha de trigo.
4. Leve a massa para gelar por 30 minutos.
5. Retire e faça as bolinhas, passando na farinha de trigo.
6. Ferva numa panela grande a água com sal e vá jogando uma a uma as bolinhas.
7. Assim que subirem, retire-as com a escumadeira.
8. Coloque-as numa travessa refratária e reserve.

MOLHO

Ingredientes

- 1 lata de creme de leite
- 3 xícaras de biomassa E
- Sal e noz-moscada a gosto
- 3 tomates batidos no liquidificador
- Queijo parmesão ralado

MODO DE PREPARO

1. Bata no liquidificador o creme de leite com a biomassa E, o tomate, o sal e a noz-moscada.
2. Numa panela, leve essa mistura ao fogo, mexendo sem parar.
3. Quando engrossar, despeje sobre o nhoque cozido já numa travessa.
4. Cubra com queijo ralado a gosto.
5. Leve ao micro-ondas para aquecer bem.

RENDIMENTO: 8 a 10 porções.

Nhoqueban maravilha

MASSA

Ingredientes

2 ½ xícaras de abóbora picada
2 ½ xícaras de banana verde cozida e picada ou biomassa P
3 xícaras de farinha de trigo
1 ovo inteiro
Sal a gosto

MODO DE PREPARO

1. Descasque e cozinhe a abóbora em pedaços na água em fogo moderado até ficar macia.
2. Leve ao processador com a polpa da banana cozida ou com a biomassa P.
3. Bata para obter uma massa homogênea alaranjada clara.
4. Junte à farinha de trigo o ovo e o sal e amasse bem.
5. Com o auxílio de 2 colheres, faça bolinhas com a massa.
6. Cozinhe-as em água fervente com sal.
7. À medida que forem subindo, retire-as da água, escorrendo bem.
8. Coloque-as numa travessa e reserve.

MOLHO

Ingredientes

1 xícara de cebola picada
1 xícara de óleo
1 colher (sopa) de alho picado
3 xícaras de tomate picado ou purê de tomate
3 colheres (sopa) de manjericão
1 colher (sopa) de orégano
Sal a gosto
Queijo parmesão ralado a gosto

MODO DE PREPARO

1. Frite a cebola no óleo. Se quiser, acrescente o alho picado com a cebola.
2. Junte à fritura o tomate passado no liquidificador ou purê de tomate, além do sal, orégano e manjericão.
3. Deixe ferver. Retire do fogo e despeje sobre o nhoque já cozido.
4. Pulverize queijo ralado e sirva.

RENDIMENTO: 6 a 8 porções.

Omelete de banana verde

MASSA

Ingredientes

4 ovos inteiros
1 xícara (café) de leite
1 colher (sopa) de biomassa I
Sal a gosto
2 colheres (sopa) de óleo

MODO DE PREPARO

1. Bata todos os ingredientes da massa no liquidificador, exceto o óleo.
2. Coloque o óleo na frigideira, deixe aquecer um pouco e frite a massa.
3. Faça um omelete grande ou até 8 omeletes pequenos e reserve.

RECHEIO

Ingredientes

½ xícara de cebola picada ou processada
3 dentes de alho picados ou processados
3 colheres (sopa) de óleo
½ xícara de tomate picado
5 xícaras de casca de banana verde picada
½ xícara de água
6 colheres (sopa) de farinha de milho
Sal a gosto

MODO DE PREPARO

1. Refogue no óleo a cebola e o alho e acrescente o tomate e a casca de banana picada.
2. Adicione ao recheio a farinha de milho previamente umedecida com água. Verifique o sal e reserve.

MOLHO VERDE

Ingredientes

1 colher (sopa) de margarina
½ xícara de casca de banana verde
½ xícara de salsa
2 xícaras de biomassa P
Sal a gosto
2 xícaras de água

MODO DE PREPARO

1. Bata todos os ingredientes no liquidificador e leve ao fogo para engrossar.

MONTAGEM

1. Coloque o recheio nos omeletes e enrole como se fosse uma panqueca.
2. Arrume em um refratário, cubra com molho verde e leve ao forno de micro-ondas para aquecer por um minuto.
3. Sirva quente com arroz, feijão e banana palha (ver receita na página 191).

RENDIMENTO: Até 8 porções.

Paçoca de banana verde

Ingredientes

400 g de carne-seca
200 g de casca de banana verde cozida e picada
1 ½ xícara de cebola picada
1 xícara de tomate picado
1 xícara de farinha de mandioca
3 colheres (sopa) de salsa picada
2 colheres (sopa) de óleo
1 xícara de pimentão verde picado
Sal a gosto

MODO DE PREPARO

1. Coloque a carne-seca de molho, trocando a água pelo menos 3 vezes.
2. Cozinhe bem a carne até ficar hidratada e macia.
3. Depois de cozida desfie e reserve.
4. Refogue no óleo a cebola, a casca de banana, o tomate e o pimentão.
5. Junte a esse refogado a carne-seca desfiada.
6. Adicione sal e prove.
7. Aos poucos junte a farinha de mandioca e por último, com o fogo apagado, adicione a salsa.
8. Modele a paçoca em uma fôrma com furo central untada com óleo.
9. Desenforme e sirva.

RENDIMENTO: 6 porções.

Pastelão de palmito cascaban

MASSA

Ingredientes

- 2 xícaras de farinha de trigo
- 1 xícara de biomassa P
- 1 colher (sopa) de fermento em pó
- 1 colher (café) de sal
- 3 colheres (sopa) de manteiga
- 1 ovo
- Leite suficiente

MODO DE PREPARO

1. Misture os primeiros seis ingredientes, adicionando por último o leite necessário para que a massa fique macia.
2. Deixe descansar por 10 minutos.
3. Abra a massa com um rolo.
4. Com ¾ da massa forre um prato refratário e reserve.
5. Corte o restante da massa em tirinhas e reserve.

RECHEIO

Ingredientes

- 1 xícara de biomassa P
- 1 vidro pequeno de palmito cortado em pedaços
- 1 xícara de leite
- 1 colher (café) de noz-moscada ralada
- 1 colher (sopa) de manteiga
- ½ lata de creme de leite sem soro
- 50 g de queijo ralado
- Sal a gosto

MODO DE PREPARO

1. Bata no liquidificador a biomassa P com leite, sal e manteiga previamente aquecidos.
2. Retorne ao fogo para engrossar.
3. Quando estiver bem grosso, junte o creme de leite e o palmito cortado em pedaços.
4. Adicione o queijo ralado e acomode esse recheio no refratário forrado com a massa.
5. Enfeite com o restante das tiras cruzadas sobre o recheio.
6. Pincele com ovo batido.
7. Asse até dourar.

RENDIMENTO: 6 porções.

Pateban saboroso de frango

Ingredientes

100 g de ricota ou queijo branco
2 xícaras de peito de frango cozido e desfiado
1 xícara de creme de leite
1 xícara de biomassa P
2 ramos de salsa picada
1 maçã verde picada em cubos
1 maçã vermelha picada em cubos
1 xícara de maioneseban (ver receita na página 158)
1 xícara de casca de banana verde cozida e picada fina
Sal a gosto
Alface para guarnecer

MODO DE PREPARO

1. Bata no liquidificador o creme de leite com o sal.
2. Aqueça a biomassa P no micro-ondas.
3. Aos poucos, jogue a biomassa P pelo orifício da tampa do liquidificador.
4. Verifique o sal e junte a casca de banana picada fina com a ricota ou o queijo branco em pedaços.
5. Coloque toda essa mistura numa tigela e junte o peito de frango desfiado, a salsa picada, a maçã verde, a vermelha e a maioneseban, mexendo bem.
6. Verifique o sal e arrume em uma travessa forrada com alface.

DICA: Sirva com pão *light*, torradas, biscoitos salgados, salsão, pepino ou cenouras fatiadas.

RENDIMENTO: 6 porções.

Picadinho de banana verde

Ingredientes

12 bananas verdes
250 g de carne moída
Cebola, alho, orégano ou outro tempero a gosto
4 tomates
Sal a gosto

MODO DE PREPARO

1. Cozinhe as bananas inteiras, após bem lavadas e enxaguadas, em uma panela de pressão, cobertas com água por 8 minutos, contados após o início da pressão. Aguarde a pressão terminar naturalmente.
2. Tire a ponta das bananas e o cabinho.
3. Descasque as bananas; coloque as cascas numa tigela com suco de limão por ½ hora.
4. Corte a polpa em rodelas não muito finas e reserve.
5. Em outra panela refogue a carne moída com tomates, sal e tempero a gosto.
6. Acrescente água até cobrir o refogado e deixe ferver.
7. Enxágue as cascas 2 vezes e pique-as.
8. Acrescente as cascas ao molho, juntamente com a polpa das bananas cortadas.
9. Deixe ferver por 3 minutos e está pronto.

DICA: Para enriquecer o sabor, junte ao refogado 2 cubos de caldo de carne ou de *bacon*. Se gostar, acrescente 1 pimentão picado e deixe ferver no refogado até amolecer.

RENDIMENTO: 8 porções.

Picles de coração e casca de banana verde à vinagrete

Ingredientes

1 coração de banana grande
50 g de alho *in natura* picado sem sal
1 pimentão vermelho grande
3 bananas verdes
150 g de casca de banana (opcional)
1 colher (chá) de molho inglês (opcional)
1 xícara (café) de vinagre (opcional)
2 xícaras cheias de óleo ou azeite de oliva extravirgem
3 colheres (sopa) bem cheias de sal
Hortelã, salsinha, manjericão, manjerona (opcionais)

MODO DE PREPARO

1. Lave bem o coração e retire as folhas de fora.
2. Enrole as folhas uma a uma e vá cortando em tiras fininhas.
3. Deixe de molho em água fria até terminar de cortar todo o coração.
4. Escorra a água fria e depois despeje sobre elas água fervendo com bastante sal.
5. Deixe de molho por uns 40 minutos para eliminar todo o amargo da folha.
6. Depois dos 40 minutos, escorra bem para tirar toda a água e lave para sair o excesso do sal.
7. Faça à parte um vinagrete batendo no processador o pimentão vermelho grande e a casca de banana verde cozida. Se quiser, acrescente 1 raminho de hortelã.
8. Sobre essa mistura ponha o azeite ou óleo, o sal, o vinagre, o molho inglês, o alho e pitadas de outros temperos de sua preferência, como salsinha, manjericão ou manjerona, a gosto.
9. Misture bem com uma colher.
10. Despeje todo esse tempero sobre as tirinhas de coração escaldadas e bem escorridas.
11. Misture tudo e coloque em 1 ou 2 vidros grandes de conserva.
12. Guarde em geladeira.

DICAS: A folha do coração de banana deve passar obrigatoriamente por esse processo de escaldamento, para não ficar amarga. Se quiser o picles só de coração, basta eliminar a casca desta receita.

Acompanha saladas diversas, maioneses, churrascos e entra como recheio de sanduíches em pão de fôrma etc.

RENDIMENTO: Cerca de 400 g, dependendo do tamanho do coração.

Pizzaban (massa básica)

Ingredientes

20 g de fermento biológico fresco
1 colher (chá) de sal
1 colher (chá) de açúcar
1 gema
1 lata de creme de leite sem soro
1 xícara de biomassa P
250 g de farinha de trigo

MODO DE PREPARO

1. Bata no liquidificador 1 lata de creme de leite sem soro.
2. Junte a biomassa P previamente aquecida no micro-ondas.
3. Bata com o sal, o açúcar, a gema e o fermento biológico. Reserve.
4. Amorne a mistura do liquidificador em banho-maria.
5. Numa vasilha ponha a farinha de trigo. Despeje aos poucos a mistura sobre a farinha, formando uma bola.
6. Acrescente mais um pouco de farinha de trigo nas mãos e amasse bem até não grudar mais nos dedos.
7. Divida a massa em 3 partes iguais.
8. Coloque em três vasilhas plásticas e cubra.
9. Deixe crescer por cerca de 30 minutos até atingir o dobro do volume.
10. Espalhe farinha de trigo em uma superfície lisa.
11. Abra cada uma das partes com um rolo.
12. Misture 1 gema de ovo com leite e sal batidos e pincele os discos de pizza (opcional).
13. Asse em forno preaquecido por 10 minutos.

    Antes de colocar o recheio de cenoura (ver receita na página 234), tempere o disco já assado com molho de tomate, sal e orégano.

RECHEIO DE CENOURA

Ingredientes

2 cenouras raladas no ralo grosso
1 dente de alho picado
½ cebola processada
Azeitonas picadas a gosto
100 g de mozarela ralada
1 xícara de casca de banana verde picada
Sal a gosto

MODO DE PREPARO

1. Refogue numa panela o alho, a cebola e o sal.
2. Junte as azeitonas picadas e a casca de banana verde e mexa bem.
3. Verifique o sal, junte a cenoura e misture bem.
4. Retire sem deixar que a cenoura cozinhe.
5. Espere esfriar e misture a mozarela ralada.
6. Espalhe sobre a pizza.
7. Leve ao forno até que a mozarela derreta.
8. Sirva quente.

RENDIMENTO: 6 pedaços.

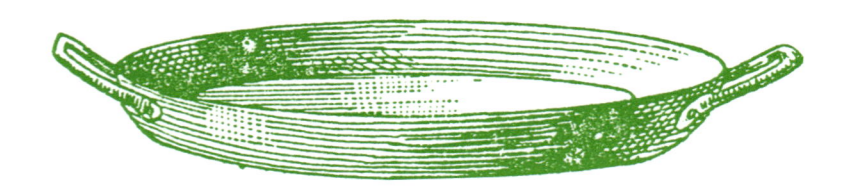

Polentaban com molho verde

Ingredientes
- 1 xícara de biomassa P
- 1 xícara de fubá
- 4 xícaras de água fervente
- 1 xícara de talos de salsa picados
- 1 xícara de cebola picada
- 1 colher (sopa) de orégano
- 1 xícara de casca de banana verde picada
- Sal a gosto
- 3 colheres (sopa) de azeite extravirgem

MODO DE PREPARO
1. Bata no liquidificador a água fervente com a biomassa P, os talos, a casca de banana verde e a cebola picados.
2. Numa panela coloque o fubá, o sal e o orégano. Dê uma mexida e despeje sobre o fubá a mistura batida no liquidificador.
3. Junte a essa mistura 3 colheres de azeite para ficar com mais sabor e não pegar no fundo da panela.
4. Cozinhe, mexendo sem parar até pegar o ponto de polenta de corte.
5. Despeje em uma fôrma refratária de bolo inglês.
6. Deixe esfriar bem e coloque na geladeira para endurecer. Desenforme e corte em fatias.

MOLHO

Ingredientes
- 8 colheres (sopa) de azeite extravirgem
- 4 dentes de alho picados
- 4 xícaras de tomate picado
- 2 xícaras de casca de banana verde picada
- 4 colheres (sopa) de queijo parmesão
- Sal a gosto

MODO DE PREPARO
1. Ponha em uma panela a casca da banana verde picada, 4 colheres de azeite extravirgem, o alho e o tomate e refogue bem.
2. Acrescente um pouquinho de água e deixe cozinhar, salgando a gosto.

MONTAGEM
1. Coloque a polenta desenformada numa travessa refratária e cubra com o molho.
2. Polvilhe com queijo ralado.
3. Leve ao micro-ondas para aquecer e sirva quente.

RENDIMENTO: 10 porções.

Pudim de carne

Ingredientes

1 xícara de leite
1 cubo de caldo de carne
2 xícaras de biomassa l
300 g de carne moída passada 2 vezes na máquina
1 colher (sopa) de margarina
4 ovos
Sal (se possível sal marinho) a gosto
1 ½ colher (sopa) de farinha de rosca
3 colheres (sopa) de salsa picada
2 colheres (sopa) de hortelã picado
1 colher (chá) de molho inglês

MODO DE PREPARO

1. Esquente o leite numa panela e adicione a biomassa l.
2. Quando ferver, acrescente o caldo de carne e bata no liquidificador até desmanchar.
3. Junte a carne moída, a margarina, 4 gemas, sal, hortelã, salsa picada e o molho inglês. Deixe ferver bem para engrossar.
4. Bata as claras em neve e misture à carne na panela com o fogo desligado.
5. Coloque em fôrma untada com farinha e polvilhada com farinha de rosca.
6. Leve ao forno para assar.
7. Retire o pudim da fôrma e sirva com molho de sua escolha.

RENDIMENTO: 12 porções.

Pudim salgado de banana verde

Ingredientes

1 colher (sopa) de fermento em pó
10 bananas verdes
1 colher (sopa) de margarina
3 colheres (sopa) de farinha de trigo
3 ovos inteiros
2 colheres (sopa) de queijo ralado
1 colher (café) de sal
1 xícara de cenoura ralada
1 lata de ervilha

MODO DE PREPARO

1. Cozinhe as bananas com a casca.
2. Depois de cozidas, retire as cascas, corte as pontas e reserve-as.
3. Passe a banana no processador.
4. Junte o fermento em pó, a margarina, a farinha de trigo, os ovos e o sal.
5. Pique a casca fininha, enxágue, tempere com sal e misture à massa com a cenoura e a ervilha.
6. Coloque em um pirex untado e leve ao forno moderado.
7. Sirva polvilhado com queijo ralado.

RENDIMENTO: 6 a 8 porções.

Quibeban

Ingredientes

2 cubos de caldo de carne
2 xícaras de água fervente
150 g de trigo para quibe
1 maço de cheiro-verde integral com talo
1 ramo de hortelã fresca picada
2 ovos inteiros
1 colher (sopa) de alho picado
300 g de carne de segunda (músculo ou acém)
6 bananas verdes cozidas
50 g de margarina derretida
Sal a gosto

MODO DE PREPARO

1. Moa a carne com as bananas verdes cozidas com casca sem as pontas e os cabinhos e reserve.
2. Leve a água para o fogo com o caldo de carne até ferver e os cubos desmancharem. Reserve.
3. Ponha o trigo do quibe de molho no caldo de carne, deixe inchar.
4. Pique o cheiro-verde, a hortelã e o alho.
5. Quando o trigo estiver inchado, passe-o por uma peneira para eliminar o máximo possível a água nele contida.
6. Coloque o trigo numa tigela e junte o sal, a hortelã, o cheiro-verde e o alho, bem picados, a margarina derretida e os ovos e misture bem.
7. Junte a carne e as bananas moídas, misturando novamente.
8. Deixe de molho na geladeira por cerca de 4 horas para pegar o tempero e inchar bem.
9. Despeje essa mistura numa fôrma refratária quadrada previamente untada com margarina.
10. Asse em forno preaquecido até dourar.
11. Servir enfeitado com talhadas de limão.

RENDIMENTO: 6 a 8 porções.

Risoto cascaberin com açafrão

Ingredientes

4 xícaras de casca de banana verde picada
4 xícaras de berinjela picada com casca
2 dentes de alho picados
1 colher (chá) de açafrão
2 xícaras de arroz integral
2 colheres (sopa) de óleo
1 xícara de tomate picado
1 cubo de caldo de legumes
50 g de queijo parmesão ralado
2 colheres (chá) de margarina
Sal a gosto
1 xícara de cebola picada
3 xícaras de água fervente

MODO DE PREPARO

1. Descasque a berinjela, corte-a em cubinhos e misture com a casca de banana picada.
2. Refogue numa panela o alho no óleo com a cebola, a casca de banana verde, a berinjela, o tomate e sal a gosto.
3. Junte o arroz e o açafrão a esse refogado.
4. Dissolva o caldo de legumes na água fervente e despeje sobre o arroz. Verifique o sal.
5. Depois de pronto, coloque o arroz num prato refratário e adicione pedacinhos de margarina sobre ele.
6. Polvilhe com queijo ralado e leve ao forno de micro-ondas por 2 minutos para derreter a manteiga e o queijo.

RENDIMENTO: 8 porções.

Salada chinesa cascaban

Ingredientes

200 g de macarrão aletria cozido em água e sal
2 cenouras raladas em ralo grosso
2 pimentões vermelhos cortados em rodelas
2 xícaras de casca de banana verde cozida e cortada em pedaços
200 g de mozarela ralada
Azeite de oliva extravirgem a gosto

MODO DE PREPARO

1. Coloque alternadamente em uma vasilha funda os 5 ingredientes e regue com o azeite.
2. Jogue sobre ele o molho agridoce (ver receita na página 160)
3. Misture bem e sirva frio.

RENDIMENTO: 4 porções.

Salgadinhos queijoban

Ingredientes

1 xícara de maioneseban (ver receita na página 158)
½ xícara de leite frio
½ xícara de queijo ralado
2 xícaras de biomassa P
1 ½ xícara de farinha de trigo
2 colheres (chá) de fermento em pó
200 g de farinha de rosca para empanar
Sal a gosto

MODO DE PREPARO

1. Amasse bem todos os ingredientes.
2. Faça bolinhas e passe na farinha de rosca.
3. Coloque em assadeira untada com óleo.
4. Asse em forno médio por 15 minutos.

RENDIMENTO: 70 unidades.

Sanduichão tricolor

Ingredientes
- 12 fatias de pão de fôrma sem casca cortadas no comprimento
- 3 xícaras de biomassa P
- 1 copo de iogurte natural
- 1 xícara de azeite de oliva extravirgem
- 1 colher (sopa) de mostarda
- 1 colher (café) de açafrão
- Suco de ½ limão
- 1 xícara de casca de banana verde cozida e picada
- 1 xícara de cenoura ralada
- ½ vidro de ketchup
- 1 lata de creme de leite sem soro
- 1 colher (café) de molho inglês
- Sal a gosto

MODO DE PREPARO DO RECHEIO
1. Bata no liquidificador a biomassa P bem quente com o iogurte natural não gelado, o azeite extravirgem e sal.
2. Divida em 3 porções iguais (para fazer 3 tipos de maionese) diferentes.
3. Para a maionese amarela, junte à primeira porção o sal, o açafrão, o limão e ½ lata de creme de leite sem soro.
4. Misture muito bem e acrescente metade dessa mistura à casca de banana verde picada, reservando a outra parte para a cobertura temperada somente com a mostarda, o sal e a terceira parte para a maionese laranja.
5. Para a maionese laranja, junte a terceira porção, ½ vidro de ketchup, o restante do creme de leite, o molho inglês, a cenoura ralada e sal.

MONTAGEM
1. Passe o rolo de macarrão em cada fatia e reserve.
2. Em uma travessa rasa coloque as fatias do pão, cobrindo a primeira camada com a maionese laranja e a seguinte com a maionese amarela, e assim sucessivamente.
3. Proceda assim, alternando as maioneses, até acabar o pão.
4. Por último passe a maionese com mostarda reservada para cobertura.
5. Enfeite a gosto e sirva gelado, cortado em fatias.

RENDIMENTO: 12 fatias grossas.

Sequilhoban

Ingredientes

½ kg de biomassa P aquecida
1 xícara de farinha de trigo
1 xícara de açúcar
2 gemas
1 xícara de leite de coco aquecido
2 colheres (sopa) de margarina
Sal a gosto

MODO DE PREPARO

1. Aqueça a biomassa P com o leite de coco até levantar fervura.
2. Quando estiver morno, junte as gemas, a margarina e o sal, e bata no liquidificador.
3. Despeje essa mistura sobre a farinha que já estará numa tigela com os demais ingredientes secos.
4. Amasse bem e faça os sequilhos.
5. Asse em fôrma untada e enfarinhada até ficar sequinho.

DICA: Use o forno em temperatura média/baixa.

RENDIMENTO: 500 g.

Steak filetado

Ingredientes

1 kg de filé *mignon* cortado em tiras
1 xícara de casca de banana verde cozida picada
1 cebola grande picada ou processada
1 colher (sopa) de mostarda
1 colher (sopa) de vinagre
2 colheres (sopa) de molho inglês (opcional)
2 colheres (sopa) de margarina
2 tomates grandes batidos no liquidificador
4 colheres (sopa) de pepino em conserva picado
4 colheres (sopa) de biomassa P
1 lata de creme de leite
½ xícara de *champignons* fatiados
Sal e molho de pimenta a gosto

MODO DE PREPARO

1. Bata a biomassa P com o creme de leite e reserve.
2. Tempere as tirinhas de filé *mignon* e a casca de banana com sal, cebola, mostarda, vinagre, molho inglês (opcional) e molho de pimenta.
3. Deixe marinar por 30 minutos.
4. Aqueça em uma frigideira a margarina e frite aos poucos as tirinhas de filés temperados.
5. Coloque a carne já frita de volta na panela e junte os tomates batidos no liquidificador, o pepino em conserva e a casca de banana verde picada.
6. Quando a carne ficar macia, junte os *champignons* fatiados.
7. Bata à parte no liquidificador a biomassa P com o creme de leite.
8. Junte a carne e deixe ferver até engrossar, mexendo sempre.
9. Sirva com arroz branco.

RENDIMENTO: 8 a 10 porções.

Torta de palmito

MASSA

Ingredientes

100 g de margarina
3 colheres (sopa) de biomassa P
100 g de farinha de trigo
1 ovo inteiro
1 pitada de sal

MODO DE PREPARO

1. Misture todos os ingredientes até a massa ficar bem encorpada.
2. Coloque em papel filme e leve à geladeira por 15 minutos.
3. Retire, abra com rolo e forre os lados e o fundo de uma assadeira de aro removível.
4. Leve ao forno preaquecido por 10 minutos.

RECHEIO

Ingredientes

1 colher (sopa) de margarina
1 cebola ralada
1 vidro de palmito
2 ovos
2 colheres (sopa) de queijo ralado
2 colheres (sopa) de cheiro-verde picado
½ xícara de leite
2 colheres (sopa) de azeitona verde picada
½ lata de creme de leite
3 colheres (sopa) de biomassa P
2 colheres (sopa) de casca de banana verde cozida e picada
Sal a gosto

MODO DE PREPARO

1. Aqueça o leite e a biomassa P até levantar fervura.
2. Bata a mistura no liquidificador.
3. Aos poucos vá colocando as gemas e o sal. Reserve.
4. Refogue a cebola e a casca de banana picada na margarina até ficar bem dourada.
5. Junte o palmito cortado em rodelas.
6. Junte a mistura do liquidificador e mexa bem até engrossar.
7. Adicione a azeitona e o cheiro-verde e misture.
8. Retire do fogo o recheio e adicione o creme de leite e as claras batidas em neve com sal.
9. Coloque sobre a massa já recheada e pré-assada.
10. Leve ao forno para gratinar, polvilhada com queijo ralado.

RENDIMENTO: 15 porções.

Torta mista

MASSA

Ingredientes

- 5 ovos inteiros
- 1 ½ xícara de óleo
- 3 cubos de caldo de galinha
- ½ xícara de água quente
- 2 xícaras de biomassa P
- 3 colheres (sopa) de fermento em pó
- 3 xícaras de farinha de trigo
- 3 xícaras de leite
- Sal a gosto

MODO DE PREPARO

1. Dissolva os cubos de caldo de galinha na água quente.
2. Bata no liquidificador a biomassa P com o caldo de galinha, o óleo, os ovos, o leite e o sal.
3. Misture numa tigela a farinha e o fermento em pó.
4. Vá acrescentando a mistura do liquidificador, mexendo bem para formar uma pasta homogênea.
5. Em uma assadeira untada coloque a metade da massa.
6. Coloque o recheio e, por cima, o restante da massa.
7. Asse em forno quente.

RECHEIO

Ingredientes

- 1 xícara de casca de banana verde cozida e picada
- 1 xícara de cenoura ralada
- 1 xícara de azeitonas picadas
- 1 xícara de picles de coração de banana (ver receita na página 232)
- 1 cebola grande picada ou processada
- 3 dentes de alho picados
- ½ xícara de cheiro-verde e cebolinha picados
- ½ pimentão vermelho picado
- 1 lata de creme de leite
- 1 xícara de biomassa P
- Sal a gosto

MODO DE PREPARO

1. Bata no liquidificador a biomassa P com o creme de leite.
2. Junte o sal e leve ao fogo para engrossar.
3. Coloque esse creme engrossado em uma tigela.
4. Misture nela todos os ingredientes, mexendo bem.
5. Após verificar o sal, ponha essa mistura sobre a massa.
6. Por cima do recheio coloque o restante da massa.
7. Asse em forno preaquecido.

RENDIMENTO: 24 porções.

Tortaban a jato

MASSA

Ingredientes

4 ovos inteiros
1 lata de creme de leite
1 xícara de biomassa P
2 cubos de caldo de carne
1 xícara de farinha de trigo
1 colher (sopa) de fermento em pó
1 colher (café) de sal

MODO DE PREPARO

1. Bata no liquidificador todos os ingredientes até obter uma massa bem lisa.
2. Coloque em um prato refratário de torta untado e enfarinhado e reserve.
3. Escolha um recheio e espalhe sobre a massa reservada.

Leve ao forno médio por 30 minutos.

RECHEIO (OPCIONAL)

Ingredientes

1 cubo de caldo de carne
3 colheres (sopa) de água quente
1 vidro de palmito picado
1 xícara de presunto picado em cubinhos
1 xícara de biomassa P
1 copo de iogurte natural
1 xícara de casca de banana verde cozida e picada
Sal a gosto

MODO DE PREPARO

1. Dissolva o caldo de carne na água quente.
2. Junte o palmito e o presunto picado em cubinhos e a casca de banana picada.
3. Misture tudo muito bem e, após ter apurado o caldo, espalhe sobre a massa reservada.
4. Cubra com o copo de iogurte batido com a biomassa P e o sal.
5. Leve ao forno médio por cerca de 30 minutos.

RENDIMENTO: 6 porções.

Viradinho de casca de banana

Ingredientes

½ kg de casca de banana verde cozida e picada
½ cebola picada bem miúdo
1 dente de alho amassado
3 colheres (sopa) de óleo
3 a 4 ovos inteiros
Sal a gosto
Queijo ralado a gosto (opcional)

MODO DE PREPARO

1. Refogue a cebola e o alho.
2. Junte o sal e a casca cozida e refogue bem.
3. Junte os ovos um a um, mexendo sempre.
4. Se quiser, adicione queijo ralado a gosto.
5. Sirva bem quente.

RENDIMENTO: 6 porções.

SOPAS

Caldinho de camarão

Ingredientes

1 ½ kg de tomate cortado em quatro
1 pimentão verde, sem semente, picado
1 pimentão vermelho, sem semente, picado
6 dentes de alho amassados ou processados
4 cebolas médias picadas
1 xícara de água fervente
1 xícara de biomassa P
500 g de camarão limpo
¼ xícara de cebolinha verde picada
¼ xícara de coentro fresco picado
Suco de 3 limões
3 colheres (sopa) de azeite de oliva comum ou extravirgem
2 ½ xícaras de leite de coco
1 xícara de casca de banana verde cozida e picada
1 colher (sopa) de creme de leite ou azeite de dendê
Sal a gosto

MODO DE PREPARO

1. Ponha numa panela grande o tomate, a cebola, os pimentões, o alho e a parte da cebolinha e do coentro.
2. Acrescente pelo menos 1 xícara de água fria.
3. Leve ao fogo baixo por 20 minutos os legumes, o pimentão e a casca de banana verde até ficarem macios.
4. Bata tudo no liquidificador com a biomassa P e uma xícara de água fervente.
5. Se necessário, junte mais um pouco da água fervente. Verifique o sal e reserve.
6. Em outra panela refogue no azeite de oliva o camarão limpo e temperado com limão, o restante da cebolinha e o coentro.
7. Junte o leite de coco e deixe ferver em fogo médio por mais uns dez minutos.
8. Junte a mistura reservada e ferva por mais 10 minutos.
9. Verifique o sal e retire do fogo.
10. Decore com creme de leite sem soro ou azeite de dendê.

RENDIMENTO: 16 xícaras de caldinho.

Caldinho de feijão

Ingredientes

- 8 xícaras de água
- 500 g de feijão preto
- 2 tomates grandes picados
- 1 cebola grande picada
- 1 cubo de caldo de carne
- 3 bananas-nanicas verdes cozidas
- ¼ xícara de cebolinha verde picada
- ¼ xícara de coentro fresco picado
- 300 g de carne-seca cozida e desfiada bem fina (opcional)
- Sal a gosto
- Creme de leite para enfeitar (fios)

MODO DE PREPARO

1. Na véspera ponha na água, de molho, em recipientes separados, o feijão e a carne-seca.
2. No dia do preparo, cubra a carne com água e deixe ferver.
3. Escorra e repita o processo mais 2 vezes, para tirar o sal.
4. Coloque no feijão as carnes e 8 xícaras de água.
5. Cozinhe numa panela de pressão por 40 minutos.
6. Descasque as bananas e reserve as cascas picadas.
7. Bata aos poucos no liquidificador o feijão com caldo e todos os temperos (exceto o caldo de carne), além da carne e a polpa da banana verde cozida.
8. Devolva toda essa mistura à panela e acrescente o tablete de caldo de carne.
9. Se necessário, acrescente mais água.
10. Cozinhe, mexendo em fogo alto, com a panela destampada até o caldo ficar bem grosso.
11. Verifique o sal e junte a casca picadinha.
12. Deixe ferver por mais 5 minutos.
13. Sirva enfeitado com creme de leite.

RENDIMENTO: 16 a 18 xícaras.

Caldinho de peixe com banana verde

Ingredientes

1 xícara de leite de coco
¼ xícara de cebolinha verde picada
¼ xícara de coentro fresco picado
¼ xícara de azeite de oliva extravirgem
1 kg de badejo limpo, em postas
500 g de bananas-nanicas verdes cozidas com casca
4 colheres (sopa) de óleo
1 ℓ de água
1 lata de creme de leite sem soro
1 tomate grande picado
1 colher (chá) de tempero do tipo Aji-no-Moto
1 cubo de caldo de peixe
1 cabeça de peixe
Sal a gosto

MODO DE PREPARO:

1. Frite metade do peixe em 4 colheres de sopa de óleo por 5 minutos.
2. Deixe esfriar, retire a carne e desfie. Reserve para usar no final do preparo.
3. Bata no processador a polpa da banana verde cozida quente e reserve a casca.
4. Bata no processador o tomate, o coentro e a cebolinha, para obter uma pasta.
5. Leve a uma panela grande essa mistura e acrescente a casca picada, a água, o peixe restante e a cabeça de peixe.
6. Cozinhe por 30 minutos.
7. Retire a cabeça e as postas de peixe para desfiar e reserve.
8. Leve ao fogo a panela com a mistura reservada do item 6, acrescentando o leite de coco, o tablete de caldo de peixe e o tempero do tipo Aji-no-Moto.
9. Quando começar a ferver, junte a carne de peixe reservada no item 8 e a banana verde processada.
10. Mexa bem e deixe ferver por mais 5 minutos até engrossar bem.
11. Coloque esse caldinho nas xícaras e enfeite com creme de leite sem soro.

RENDIMENTO: 15 a 18 xícaras.

Caldoban verde

Ingredientes

1 cebola grande
2 dentes de alho
2 folhas de louro
15 xícaras de água
3 xícaras de biomassa P
1 maço de couve-manteiga cortada bem fina
Azeite de oliva extravirgem a gosto
1 cubo de caldo de verduras
Sal a gosto

MODO DE PREPARO

1. Ferva na água a cebola, o alho, a biomassa P, o caldo de verduras, o louro e o sal.
2. Quando a cebola estiver cozida, bata tudo no liquidificador, menos o louro.
3. Ponha toda a mistura que bateu no liquidificador de volta na panela.
4. Leve ao fogo e junte a couve cortadinha.
5. Mexa com um garfo até a couve ficar cozida.
6. Na hora de servir regue a sopa com o azeite.

RENDIMENTO: 8 porções.

Canjaban

Ingredientes

¾ xícara de casca de banana verde cozida e picada
¾ xícara de cebola
2 dentes de alho picados
2 pés de galinha ou, se preferir, 1 peito com osso
10 xícaras de água
2 folhas de louro
1 cubo de caldo de galinha
1 xícara de arroz
3 colheres (sopa) de salsa picada
Sal a gosto

MODO DE PREPARO

1. Cozinhe na água a cebola, o alho, o louro, o caldo de galinha e o sal.
2. Retire os pés de galinha e acrescente o arroz e a casca de banana verde picada.
3. Ao final adicione a salsa.
4. Sirva quente.

RENDIMENTO: 4 porções.

Creme de abóbora

Ingredientes

3 xícaras de abóbora cozida picada
2 xícaras de biomassa P aquecida
3 xícaras de leite quente
5 xícaras de água quente
1 cubo de caldo de carne
1 colher (sopa) de margarina
1 xícara de cebola picada com alho
1 ramo de hortelã
Queijo ralado a gosto
Sal a gosto

MODO DE PREPARO

1. Bata no liquidificador a abóbora, a biomassa P, o leite, a margarina, o cubo de caldo de carne, a água e os temperos.
2. Leve ao fogo, mexendo sempre, até ferver e engrossar.
3. Sirva com queijo ralado e enfeite com hortelã.

RENDIMENTO: 6 porções.

Sopa de abóbora e maçã

Ingredientes

4 xícaras de água
1 xícara de biomassa P
¼ xícara de óleo
2 colheres (sopa) de gengibre fresco ralado
1 kg de abóbora
3 maçãs vermelhas descascadas e sem sementes
1 cebola média picada
1 lata de creme de leite sem soro
Sal a gosto
1 maçã verde

MODO DE PREPARO

1. Refogue a cebola com óleo até ficar dourada e bem macia.
2. Junte a abóbora e a maçã em pedaços e refogue por mais 10 minutos, mexendo sempre.
3. Acrescente água o suficiente para o cozimento.
4. Cozinhe tampado por 25 minutos ou até a abóbora e a maçã ficarem macias e retire do fogo.
5. Bata no liquidificador, juntando aí a biomassa P, até obter um caldo espesso.
6. Volte ao fogo, junte o gengibre e tempere com sal. Se for necessário, acrescente mais um pouco de água quente para não ficar grosso demais.
7. Misture e leve a ferver para obter um caldo espesso.
8. Sirva bem quente em pratos individuais.
9. Enfeite cada prato com 3 fatias finas de maçã e creme de leite sem soro.

RENDIMENTO: 8 porções.

Sopa de banana verde

Ingredientes

- 3 xícaras bem cheias de biomassa P
- 1 cebola picada
- 2 dentes de alho
- 2 colheres (sopa) de óleo
- 1,5 ℓ de água
- 6 cubos de caldo de galinha ou de carne
- 1 xícara de casca de banana verde cozida e picada
- 100 g de queijo ralado
- 1 lata de creme de leite
- Cheiro-verde picado a gosto
- Sal a gosto

MODO DE PREPARO

1. Frite no óleo a cebola, o alho e o sal.
2. Junte a água ao caldo de galinha ou carne, espere ferver até desmanchar os cubos.
3. Bata no liquidificador todo esse caldo juntamente com a biomassa P, acrescente a cebola e o alho refogados previamente.
4. Volte a mistura ao fogo e, quando começar a ferver, junte a casca da banana verde bem picadinha e o cheiro-verde.
5. Deixe ferver por 3 minutos.
6. Acrescente o queijo ralado e sirva com o creme de leite após retirar do fogo.

DICA: Se desejar um caldo mais grosso, acrescente mais polpa cozida. Também é possível enriquecer ainda mais a sopa com diversas verduras.

RENDIMENTO: 6 a 8 porções.

Sopa de feijão com banana

Ingredientes

3 xícaras de feijão cozido com caldo
1 xícara de biomassa P
1 xícara (café) de óleo
1 xícara de biomassa F (opcional)
1 cebola picada
2 colheres (sopa) de cheiro-verde picado
1 colher (sopa) de molho de soja
Sal a gosto

MODO DE PREPARO

1. Bata no liquidificador o feijão cozido com bastante caldo e a biomassa P.
2. Refogue no óleo a cebola e a biomassa F, ou só o cheiro-verde.
3. Junte o molho de soja.
4. Bata no liquidificador junto com a mistura da biomassa P com feijão.
5. Adicione sal a gosto.
6. Volte com essa mistura ao fogo até levantar fervura e sirva bem quente.

RENDIMENTO: 4 a 5 porções.

Sopa paraguaia de banana verde

Ingredientes

8 bananas verdes cozidas
½ ℓ de leite
1 xícara de óleo
1 cebola grande cortada em rodelas
300 g de queijo de minas meia-cura ralado grosso
3 ovos inteiros
1 lata de creme de leite sem soro (opcional)
Sal a gosto

MODO DE PREPARO

1. Coloque a cebola cortada em rodelas no óleo quente para amolecer e reserve.
2. Ferva o leite e bata com as bananas cozidas no liquidificador até formar uma pasta. Acrescente o sal.
3. Despeje essa mistura sobre a cebola frita.
4. Junte o queijo mineiro ralado e os ovos, sempre fora do fogo.
5. Asse numa fôrma refratária untada por cerca de 15 minutos, até ficar firme.
6. Sirva quente na própria fôrma refratária. É uma deliciosa entrada.
7. Se quiser, acrescente o creme de leite sem soro.

RENDIMENTO: Serve 6 pessoas.

Sopaban creme de agrião

Ingredientes
½ xícara de cebola picada
1 xícara de biomassa P
1 xícara de leite
½ maço de agrião com talos
1 ½ xícara de tomate picado
2 colheres (sopa) de salsa picada
1 cubo de caldo de legumes
5 xícaras de água
Sal a gosto
½ lata de creme de leite (opcional)

MODO DE PREPARO

1. Ferva na água a cebola, o agrião, o sal e o caldo de legumes. Após o cozimento, bata esse caldo no liquidificador ou no processador adequado e reserve.
2. Em outra panela pequena ponha o leite e a biomassa P e leve ao fogo até levantar fervura e reserve.
3. Bata essa mistura no liquidificador e reserve.
4. Bata novamente o item 2 e misture com o item 1 e torne a bater.
5. Misture o caldo reservado com o creme de biomassa P e confira o sal.
6. Leve ao fogo para ferver e engrossar e sirva quentíssima com salsa picada.
7. Se quiser, acrescente ½ lata de creme de leite no momento de servir.

RENDIMENTO: 6 a 8 porções.

Sopaban de tomate

Ingredientes

1 cubo de caldo de carne
2 ½ xícaras de água fervente
½ cebola média picada
1 dente de alho picado
1 lata de purê de tomate
1 ½ xícara de biomassa P
2 ½ xícaras de leite
2 colheres (sopa) de salsa picada
3 colheres (sopa) de casca de banana verde cozida e picada fina
Sal a gosto

MODO DE PREPARO

1. Desmanche na água fervente o cubo de caldo de carne.
2. Junte a cebola, o alho e o sal, deixe cozinhar e reserve.
3. Em outra panela ponha o leite e a biomassa P para ferver.
4. Quando levantar a fervura, bata no liquidificador.
5. Junte o caldo reservado e bata no liquidificador mais um pouco.
6. Leve tudo ao fogo e junte o purê de tomate, mexendo sempre para engrossar.
7. Junte a casca picada e por último a salsa picada e desligue o fogo.
8. Sirva bem quente.

RENDIMENTO: 5 a 6 porções.

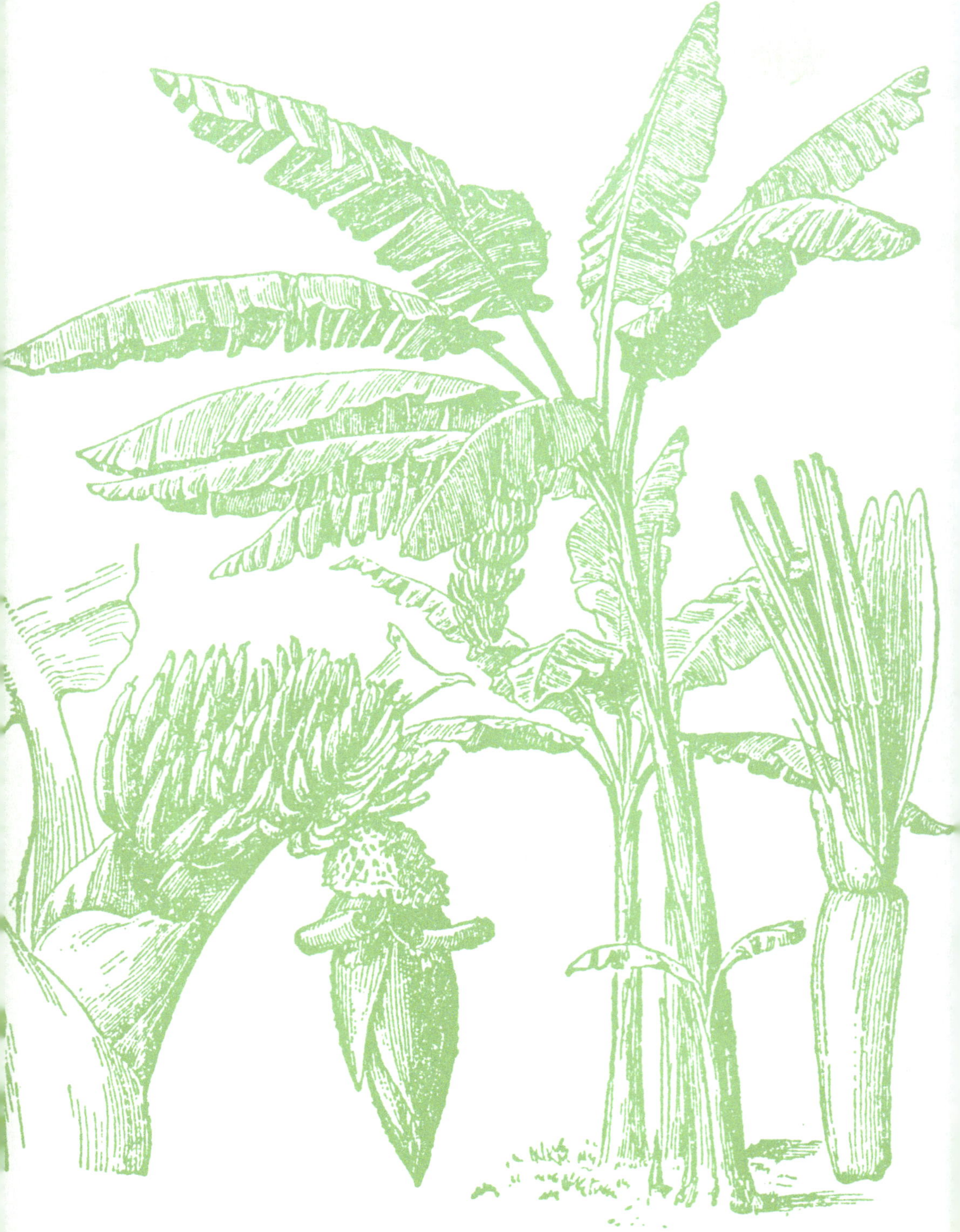

RECEITAS SEM GLÚTEN

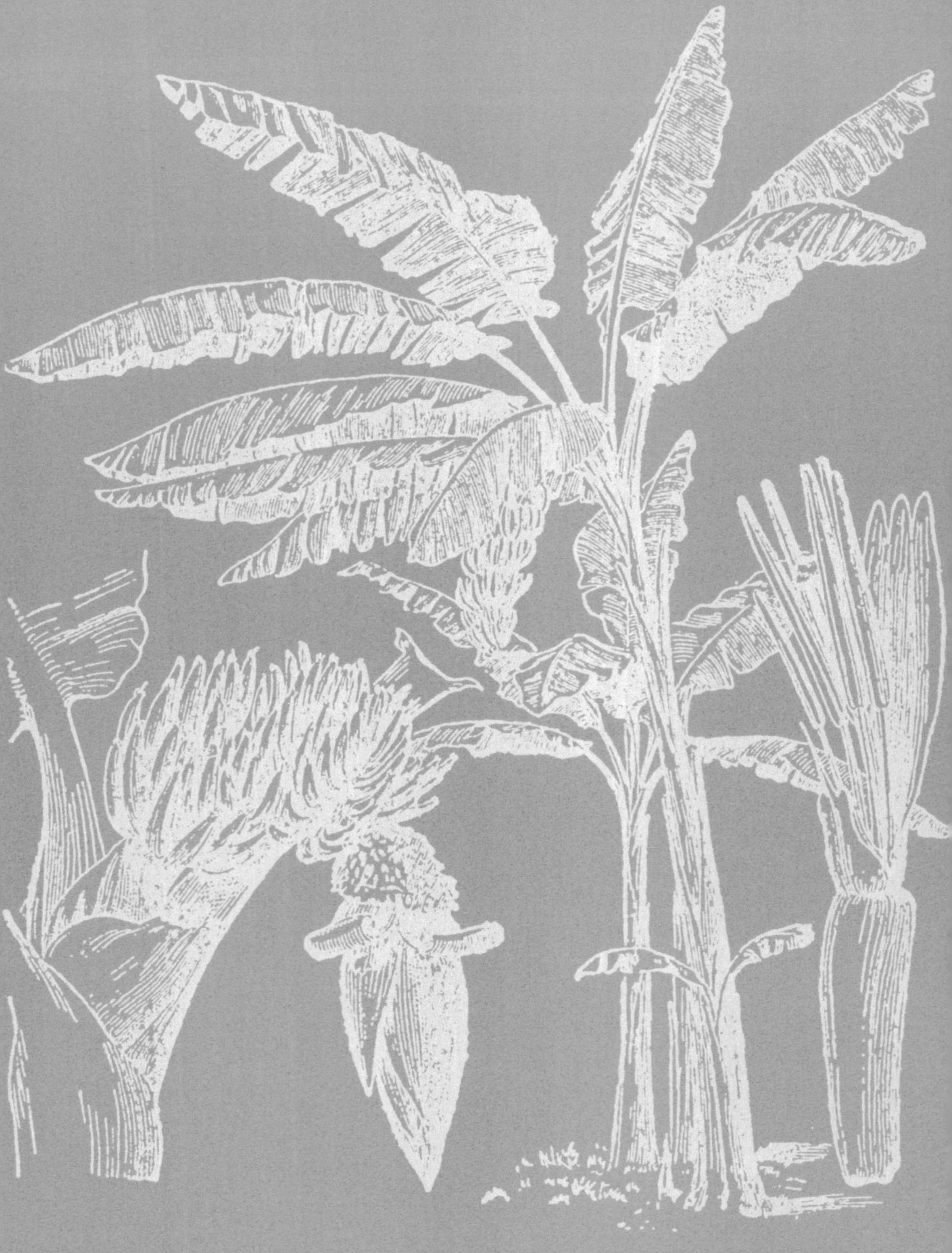

Bolo de coco com biomassa

Ingredientes

- 4 ovos (claras e gemas separadas)
- 1 xícara (chá) de açúcar demerara
- 3 xícaras (chá) de leite de coco
- ½ xícara (chá) de óleo de coco
- 1 xícara (chá) de biomassa de banana verde
- 1 ½ xícara (chá) de farinha de coco
- 1 colher (sopa) de fermento em pó

MODO DE PREPARO

1. Bata as claras em neve e reserve.
2. No liquidificador, bata as gemas, o açúcar, o leite de coco, o óleo de coco e a biomassa.
3. Em um recipiente, misture a massa do liquidificador com a farinha de coco e o fermento.
4. Por último, acrescente as claras em neve misturando delicadamente.
5. Coloque em fôrma untada e polvilhada com farinha de coco, leve ao forno médio preaquecido e deixe até dourar.

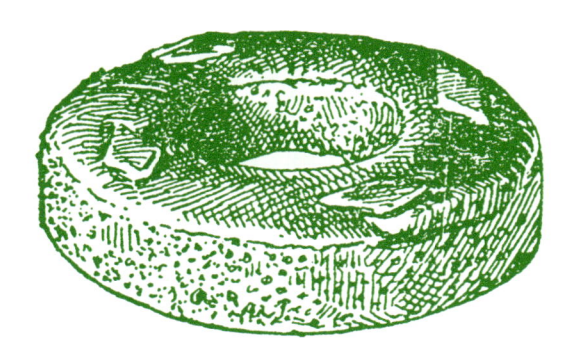

RENDIMENTO: 15 pedaços.

Bolo de chocolate sem farinha

Ingredientes

2 ovos

1 xícara (chá) de biomassa de banana verde

1 xícara (chá) de açúcar demerara

1/3 de xícara (chá) de manteiga derretida

1 xícara (chá) de cacau em pó

1/2 colher (sopa) de fermento em pó

MODO DE PREPARO

1. No liquidificador, bata os ovos, a biomassa e a manteiga derretida.
2. Em um recipiente, misture a massa do liquidificador com o açúcar demerara, o cacau em pó e o fermento.
3. Coloque em fôrma untada e polvilhada com farinha de arroz, leve ao forno médio preaquecido e deixe até dourar.

RENDIMENTO: 15 pedaços.

Pão com sementes de girassol

Ingredientes

- 2 ovos inteiros
- 1 xícara (chá) de biomassa de banana verde
- 1 colher (sopa) de açúcar demerara
- 2 colheres (sopa) de óleo de canola
- ½ colher (sopa) de sal
- 1 xícara (chá) de água morna
- 1 ½ colher (chá) de fermento biológico seco
- 1 xícara (chá) de farinha de arroz
- ⅓ de xícara (chá) de farinha de banana verde
- 1 colher (chá) de Carboximetil Celulose (CMC, espessante)
- 2 colheres (sopa) de sementes de girassol

MODO DE PREPARO

1. No liquidificador, bata os ovos, a biomassa e o óleo.
2. Na batedeira, coloque a mistura do liquidificador e bata com a água morna, o açúcar, o sal e o fermento.
3. Acrescente as farinhas aos poucos e bata por 5 minutos.
4. Por último, acrescente o CMC e as sementes de girassol.
5. Despeje a massa em fôrma untada e polvilhada com farinha de arroz e deixe descansar por 30 minutos.
6. Leve ao forno médio preaquecido e deixe até dourar.

RENDIMENTO: 15 pedaços.

Pão com frutas secas

Ingredientes

2 ovos inteiros
1 xícara (chá) de biomassa de banana verde
2 colheres (sopa) de açúcar demerara
2 colheres (sopa) de óleo de canola
½ colher (sopa) de sal
1 xícara (chá) de água morna
1 ½ colher (chá) de fermento biológico seco
1 ½ xícara (chá) de farinha de arroz
⅓ de xícara (chá) de fécula de batata
4 colheres (sopa) de polvilho doce
1 colher (chá) de CMC
½ xícara (chá) de damasco
½ xícara (chá) de uva-passa
1 colher (sopa) de farinha de arroz para misturar as frutas secas

MODO DE PREPARO

1. No liquidificador, bata os ovos, a biomassa e o óleo.
2. Na batedeira, coloque a mistura do liquidificador e bata com a água morna, o açúcar, o sal e o fermento.
3. Acrescente as farinhas e bata por 5 minutos.
4. Acrescente o CMC e as frutas secas misturadas com a farinha de arroz.
5. Despeje a massa em fôrma untada e polvilhada com farinha de arroz e deixe descansar por 30 minutos.
6. Leve ao forno médio preaquecido e deixe até dourar.

RENDIMENTO: 15 pedaços.

Panqueca

Ingredientes

1 ovo
2 xícaras (chá) de água
2 colheres (sopa) de azeite
½ xícara (chá) de amido de milho
¾ de xícara (chá) de farinha de arroz
½ xícara (chá) de farinha de banana verde
Sal a gosto
1 colher (chá) de fermento em pó

MODO DE PREPARO

1. No liquidificador, coloque todos os ingredientes e bata até obter uma mistura homogênea.
2. Aqueça uma frigideira e coloque um fio de azeite.
3. Coloque a massa na frigideira com o auxílio de uma concha.
4. Asse até que a borda fique dourada.
5. Vire a panqueca e recheie a gosto.

RENDIMENTO: 6 unidades.

Palitinhos

Ingredientes

- 1 ovo
- ¼ de xícara (chá) de azeite
- ¼ de xícara (chá) de manteiga derretida
- 1 xícara (chá) de biomassa de banana verde
- ¾ de xícara (chá) de farinha de arroz
- ¼ de xícara (chá) de polvilho azedo
- 1 colher (chá) de sal
- 2 colheres (sopa) de quinoa em flocos
- 4 colheres (sopa) de sementes de gergelim

MODO DE PREPARO

1. No liquidificador, bata o ovo, a biomassa, o azeite e a manteiga.
2. Em um recipiente, coloque a mistura do liquidificador e acrescente os demais ingredientes.
3. Modele os palitinhos e asse em forno preaquecido.

RENDIMENTO: 30 unidades.

A dra. Erika Almeida é nutricionista pós-graduada em Nutrição Clínica Funcional e Diretora da Ação Nutri.

Site: www.acaonutri.com

E-mail: nutridcionista.erikaalmeida@gmail.com

Bolinho de cacau sem farinha

Ingredientes

120 ml de azeite
500 g de biomassa de polpa de banana
10 ovos
100 g de castanha-do-pará
150 g de açúcar (se preferir mais doce, adicione mais 50 g)
120 g de coco ralado

MODO DE PREPARO

1. Bata no liquidificador os ovos inteiros com o azeite por 3 a 5 minutos e passe na peneira.
2. Em seguida, bata novamente com os sólidos e agregue as castanhas delicadamente.
3. Asse em forno preaquecido a 160 ºC por 30 minutos.

RENDIMENTO: 15 porções em tamanho de *muffin*.

Receita de cavaca

Ingredientes

- 100 g de biomassa de banana verde
- 90 g de farinha de grão-de-bico (que não contenha glúten)
- 90 g de farinha de milho (fubá) (que não contenha glúten)
- 1 colher (chá) de sal
- 2 colheres (sopa) de açúcar
- 1 colher (sopa) de fermento químico
- 280 ml de leite de castanha
- 3 ovos batidos
- 2 colheres (sopa) de *guee* derretido (encontrado em casas especializadas ou restaurantes vegetarianos)
- 2 colheres (sopa) de óleo de coco importado (não pode ser o nacional)
- 50 g de uva-passa sem semente

MODO DE PREPARO

1. Amoleça a polpa da banana verde.
2. Bata no liquidificador a massa da banana com os demais ingredientes, menos os ovos e o fermento.
3. Bata os ovos por 3 minutos em batedeira.
4. Agregue a massa batida aos ovos e, com uma espátula, envolva delicadamente o fermento.
5. Deixe a massa descansar por 10 minutos.
6. Utilize uma frigideira antiaderente.
7. Proceda como na feitura da panqueca.

RENDIMENTO: 10 porções.

Renato Caleffi é *chef* pela Anhembi Morumbi, especialista em Gastronomia Orgânica e Funcional e sócio proprietário do Manjue Bistrô.
Site: www.lemanjuebistro.com.br
E-mail: re-caleffi@uol.com.br

Salada de massa especial

Ingredientes

1 xícara (chá) de massa sem glúten do tipo parafuso
1 xícara (chá) de folhas de rúcula em tiras finas
1 xícara (chá) de tomate *sweet* em pétalas
1 xícara (chá) de ervilha fresca cozida
½ xícara (chá) de abobrinha em cubos pequenos
½ xícara (chá) de cenoura ralada finamente
2 colheres (sopa) de azeite de oliva extravirgem
1 colher (sopa) de vinagre de maçã
2 colheres (sopa) de biomassa de banana verde (polpa)
2 colheres (sopa) de água fria
1 colher (sopa) de salsinha picada bem fininha
Sal a gosto

MODO DE PREPARO

1. Cozinhe a massa até que fique *al dente*.
2. Quando estiver fria, coloque numa tigela e adicione a rúcula, o tomate, a ervilha, a abobrinha e a cenoura.
3. Misture bem.
4. Em outro recipiente, prepare o molho com o azeite, o vinagre, a biomassa, a água fria, a salsinha e o sal.
5. Coloque o molho sobre os demais ingredientes, misture bem e sirva em seguida.

RENDIMENTO: 2 porções.

Sopa de cenoura com gengibre

Ingredientes

4 cenouras médias cortadas em rodelas
2 dentes de alho picados
1 talo de salsão picado
2 colheres (sopa) de gengibre picado
2 colheres (sopa) de óleo de girassol
1 folha de louro
½ litro de caldo de legumes ou de frango (preferencialmente feito em casa)
3 colheres (sopa) de biomassa de banana verde (polpa)
1 colher (sopa) de mel
Sal a gosto

MODO DE PREPARO

1. Aqueça o óleo e refogue a cenoura, o alho, o salsão e o gengibre.
2. Baixe o fogo e deixe cozinhar por 10 minutos, mexendo para não grudar no fundo da panela.
3. Adicione o caldo e a folha de louro e cozinhe por mais 10 minutos.
4. Retire a folha de louro e coloque a sopa no liquidificador.
5. Acrescente a biomassa e o mel e bata até formar um creme homogêneo.
6. Ajuste o sal e sirva em seguida

RENDIMENTO: 6 porções.

Picadinho de filé *mignon* suíno com purê de feijão-branco

PICADINHO

Ingredientes

- 500 g de filé *mignon* suíno em cubos pequenos
- 3 colheres (sopa) de óleo de girassol
- 3 dentes de alho picados
- 1 cebola média picada bem fininha
- 1 colher (sobremesa) de colorau
- 1 colher (sopa) de extrato de tomate
- 2 colheres (sopa) de biomassa de banana verde (polpa)
- ½ litro de caldo de legumes ou de carne (preferencialmente feito em casa)
- ½ xícara (chá) de ameixa seca picada
- 3 colheres (sopa) de salsinha picada bem fininha
- Sal e pimenta-do-reino a gosto

MODO DE PREPARO

1. Aqueça o óleo e sele a carne até que fique dourada.
2. Retire da panela e reserve.
3. Na mesma panela, doure o alho e a cebola.
4. Adicione o colorau e o extrato de tomate, mexendo para não queimar.
5. Coloque a biomassa e misture bem.
6. Acrescente o caldo e recoloque a carne na panela.
7. Deixe cozinhar em fogo baixo por 15 minutos.
8. Adicione a ameixa e apure por mais 5 minutos.
9. Coloque a salsinha e ajuste o sal e a pimenta.
10. Sirva em seguida.

PURÊ

Ingredientes

- 1 xícara de feijão-branco
- 1 ramo de alecrim
- 2 colheres (sopa) de biomassa de banana verde (polpa)
- Sal a gosto

MODO DE PREPARO

1. Cozinhe o feijão junto com o alecrim até os grãos ficarem macios.
2. Ainda quente, coloque o feijão no liquidificador junto com a biomassa e o sal (com pouca água).
3. Bata até que a mistura fique homogênea e em ponto de purê.
4. Se for necessário, acrescente mais água quente.
5. Sirva em seguida.

RENDIMENTO: 3 porções.

Massa delícia

Ingredientes

100 g de massa sem glúten do tipo espaguete
300 g de camarão médio sem casca
2 colheres (sopa) de óleo de girassol
1 cebola média picada bem fininha
1 colher (café) de cúrcuma em pó
2 colheres (sopa) de biomassa de banana verde (polpa)
1 xícara (chá) de leite de coco
½ xícara (chá) de água
Sal a gosto

MODO DE PREPARO

1. Cozinhe a massa até que fique *al dente*.
2. Enquanto isso, numa frigideira grande, grelhe os camarões rapidamente e reserve.
3. Na mesma frigideira, doure a cebola.
4. Acrescente a cúrcuma e a biomassa e mexa bem.
5. Adicione o leite de coco e a água.
6. Ajuste o sal e deixe o molho apurar por 2 minutos.
7. Coloque a massa já cozida na frigideira com o molho e finalize o cozimento por mais 2 minutos.
8. Sirva em seguida.

RENDIMENTO: 2 porções.

Pão caseiro com castanha-do-pará

Ingredientes

- 2 ½ xícaras (chá) de farinha sem glúten*
- 1 xícara de farinha de banana verde
- 1 xícara (chá) de castanhas-do-pará picadas
- 1 colher (chá) de sal
- 1 tablete de fermento fresco (15 g)
- 2 colheres (sopa) de açúcar mascavo
- 2 colheres (sopa) de óleo de girassol
- 2 ½ xícaras (chá) de água morna

MODO DE PREPARO

1. Numa tigela grande, misture a farinha sem glúten, a farinha de banana verde, as castanhas e o sal. Reserve.
2. Em outra tigela, junte o fermento, o açúcar mascavo, o óleo e a água morna.
3. Deixe repousar por 10 minutos.
4. Usando as mãos, misture o conteúdo da tigela com o fermento às farinhas até formar uma massa homogênea.
5. Cubra com um pano limpo e deixe repousar por 1 hora.
6. Numa superfície enfarinhada (com farinha sem glúten), sove a massa por 5 minutos.
7. Faça uma bola e coloque numa assadeira untada com óleo.
8. Deixe crescer por 30 minutos.
9. Asse em forno preaquecido a 180 °C por 50 minutos.
10. Retire da assadeira e deixe esfriar sobre uma grelha.

RENDIMENTO: 1 unidade.

---

* Farinha sem glúten: 3 xícaras (chá) de farinha de arroz + 1 xícara (chá) de fécula de batata + ½ xícara (chá) de polvilho doce. Misture esses ingredientes e armazene-os em recipiente bem fechado.

Pasta de grão-de-bico

Ingredientes

1 xícara de grão-de-bico já cozido e ainda quente
2 dentes de alho
3 colheres (sopa) de pasta de *tahine*
2 colheres (sopa) de biomassa de banana verde (polpa)
1 xícara (chá) de água quente
Sal e pimenta-do-reino a gosto

MODO DE PREPARO

1. No liquidificador, coloque o grão-de-bico, o alho, o *tahine*, a biomassa e metade da água.
2. Bata até formar um creme homogêneo e vá adicionando água para ajustar a consistência.
3. Tempere com sal e pimenta.
4. Sirva gelado.

RENDIMENTO: 2 xícaras de pasta pronta.

A dra. Carina Boniatti é nutricionista e *chef* pela Anhembi Morumbi.
E-mail: carina@chefalacarte.com.br

Pãozinho de arroz e quinoa da Nigéria

Ingredientes

400 g de biomassa de banana verde
150 g de arroz integral
100 g de quinoa
70 g de farinha de arroz integral
50 ml de água
50 g de semente de gergelim
30 g de linhaça
20 g de manteiga
10 g de azeite
6 g de fermento químico
4 g de sal
1 g de açafrão
Pimenta vermelha dedo-de-moça a gosto

MODO DE PREPARO

1. Cozinhe o arroz integral (se utilizar o arroz já temperado, tome cuidado com a quantidade de sal).
2. Coloque de molho a linhaça em 50 ml de água por 30 minutos.
3. Cozinhe a quinoa em 250 ml de água até ficar solta.
4. Reprocesse a biomassa, levando ao fogo com um pouquinho de água, até ficar homogênea.
5. Liquidifique o arroz integral, a linhaça com a água, o azeite e o sal.
6. Coloque na batedeira a mistura úmida, adicionando a manteiga derretida, a quinoa cozida não processada, a farinha de arroz, o açafrão, a pimenta dedo-de-moça e a semente de gergelim.
7. Por último, adicione o fermento químico.
8. Faça bolinhas achatadas como um mini-hambúrguer e coloque para assar em forno médio de 25 a 30 minutos.
9. Deixe ficar com aparência de bolinho de arroz da vovó e bem crocante.

RENDIMENTO: 28 unidades de 18 g.

Tortinha de nozes

MASSA

Ingredientes

120 g de manteiga gelada
100 g de tofu
86 g de fécula de batata
66 g de polvilho doce
50 g de farinha de grão-de-bico
46 g de açúcar demerara
40 g de farinha de arroz integral
40 g de fubá fino
30 g de farinha de amendoim
20 g de biomassa de banana verde
20 g de gema

MODO DE PREPARO

1. Reprocesse a biomassa, adicionando um pouquinho de água e levando-a ao fogo baixo, mexendo sempre. Reserve-a.
2. Bata a gema com o açúcar demerara e o tofu na batedeira adicionando aos poucos as farinhas.
3. Por último, acrescente a manteiga gelada. A massa deve ficar bem densa, como massa podre.
4. Deixe descansar uns 10 minutos e abra a massa nas forminhas (se forem antiaderentes, não precisa untar; se forem de alumínio, convém untar).
5. Asse em forno baixo, por cerca de 6 a 10 minutos, dependendo da espessura e da crocância desejada.

RECHEIO

Ingredientes

200 g de nozes picadas em pedaços grandes
120 g de uva-passa branca ou preta
100 g de biomassa de banana verde
50 g de tofu
20 ml de baunilha
8 g de manteiga
4 g de café instantâneo

CALDA

Ingredientes

140 g de açúcar demerara
70 ml de água

MODO DE PREPARO

1. Faça uma calda (água + açúcar) não muito espessa, depois coloque a uva-passa, a baunilha, o tofu, a biomassa, o café instantâneo, a manteiga, e cozinhe mais um pouco, até engrossar.
2. Desligue o fogo, coloque as nozes e mexa até a mistura ficar bem homogênea.
3. Depois de frio, recheie as casquinhas.

DICA: As tortinhas ficam mais saborosas se aquecidas levemente quando forem servidas.

RENDIMENTO: 45 unidades pequenas (cerca de 10 g).

Biscoito de coco e páprica

Ingredientes

400 g de batata-doce cozida
200 g de farinha de coco
170 g de polvilho azedo
170 g de polvilho doce
50 ml de água
100 g de óleo de coco
80 g de tofu
80 g de biomassa de banana verde
70 g de fécula de batata
50 g de manteiga
30 g de linhaça
20 g de páprica
20 g de fermento químico
18 g de sal

MODO DE PREPARO

1. Descasque a batata-doce e cozinhe-a. Escorra a água e reserve a batata-doce.
2. Coloque a linhaça de molho na água (50 ml) por cerca de 30 minutos.
3. Processe a batata-doce junto com a biomassa, adicione a manteiga derretida, o óleo de coco, a páprica, o tofu e a linhaça junto com a água (remolho).
4. Coloque na batedeira ou amasse na mão, se preferir, essa massa processada, adicionando aos poucos os polvilhos, a fécula de batata, a farinha de coco e o sal.
5. Coloque, por último, o fermento químico.
6. Deixe a massa descansar por 10 minutos e faça biscoitos finos para ficar bem crocantes.
7. Asse em forno médio por cerca de 15 minutos, dependendo da espessura dos biscoitos.

RENDIMENTO: 140 unidades de 5 g.

Sofia Marina Cardoso de Almeida Cattaccini é proprietária da Padaria Artesanal Diaita.
Site: www.diaita.com.br

Farofinha doce funcional (glúten e lactose *free*)

Ingredientes

2 ½ xícaras (chá) de flocos de quinoa ligeiramente tostados na frigideira
½ xícara (chá) de farinha de coco
1 xícara (chá) de uva-passa
1 xícara (chá) de amêndoas trituradas no liquidificador
½ xícara (chá) de sementes de gergelim tostadas
2 colheres (sopa) de óleo de coco virgem orgânico

MODO DE PREPARO

1. Misture todos os ingredientes.
2. Depois de fria, guarde a mistura em vidro bem fechado.
3. Sirva sobre frutas frescas em fatias ou picadas, cremes de frutas ou iogurte.

RENDIMENTO: 20 porções.

Outra receita de farofinha doce funcional

Ingredientes

- 2 xícaras (chá) de *mix* de farinhas sem glúten*
- 1 pitada de sal
- 2 colheres (chá) de fermento em pó
- ½ xícara (chá) de óleo (mistura de metade de óleo de coco virgem e orgânico e outra metade de óleo de canola)
- 1 xícara (chá) de leite de coco (pode ser o *light*)
- ½ xícara (chá) de melado de cana
- 1 colher (chá) de essência de baunilha
- 1 colher (sopa) de vinagre de maçã
- ¾ de xícara (chá) de ameixa seca sem caroço picada
- 3 colheres (sopa) de coco ralado seco hidratado com 1 colher (sopa) de água – ou coco ralado fresco

* MIX DE FARINHAS SEM GLÚTEN

Junte todos os ingredientes abaixo e mantenha em geladeira:

- 400 g de amido de milho com farinha de arroz
- 200 g de fécula de batata
- 200 g de farinha de quinoa (preferencialmente orgânica)
- 200 g de polvilho (doce ou azedo)
- ½ copo de farinha de banana verde
- 1 colher (sopa) cheia de ágar (à venda em lojas de produtos naturais ou de produtos japoneses) ou de gelatina em pó incolor

TEMPO DE PREPARO: 1 hora.
RENDIMENTO: 20 fatias.

MODO DE PREPARO

1. Em uma vasilha grande, misture todos os ingredientes, um a um, seguindo a ordem acima.
2. Mexa até a massa ficar homogênea.
3. Coloque-a em uma assadeira pequena, untada com óleo e farinha de trigo integral, e leve para assar em forno preaquecido (180 ºC) por 35 minutos, aproximadamente.

A dra. Priscila Di Ciero é nutricionista esportiva funcional.
E-mail: priscila_nut@ig.com.br

RECEITAS COM FARINHA INTEGRAL

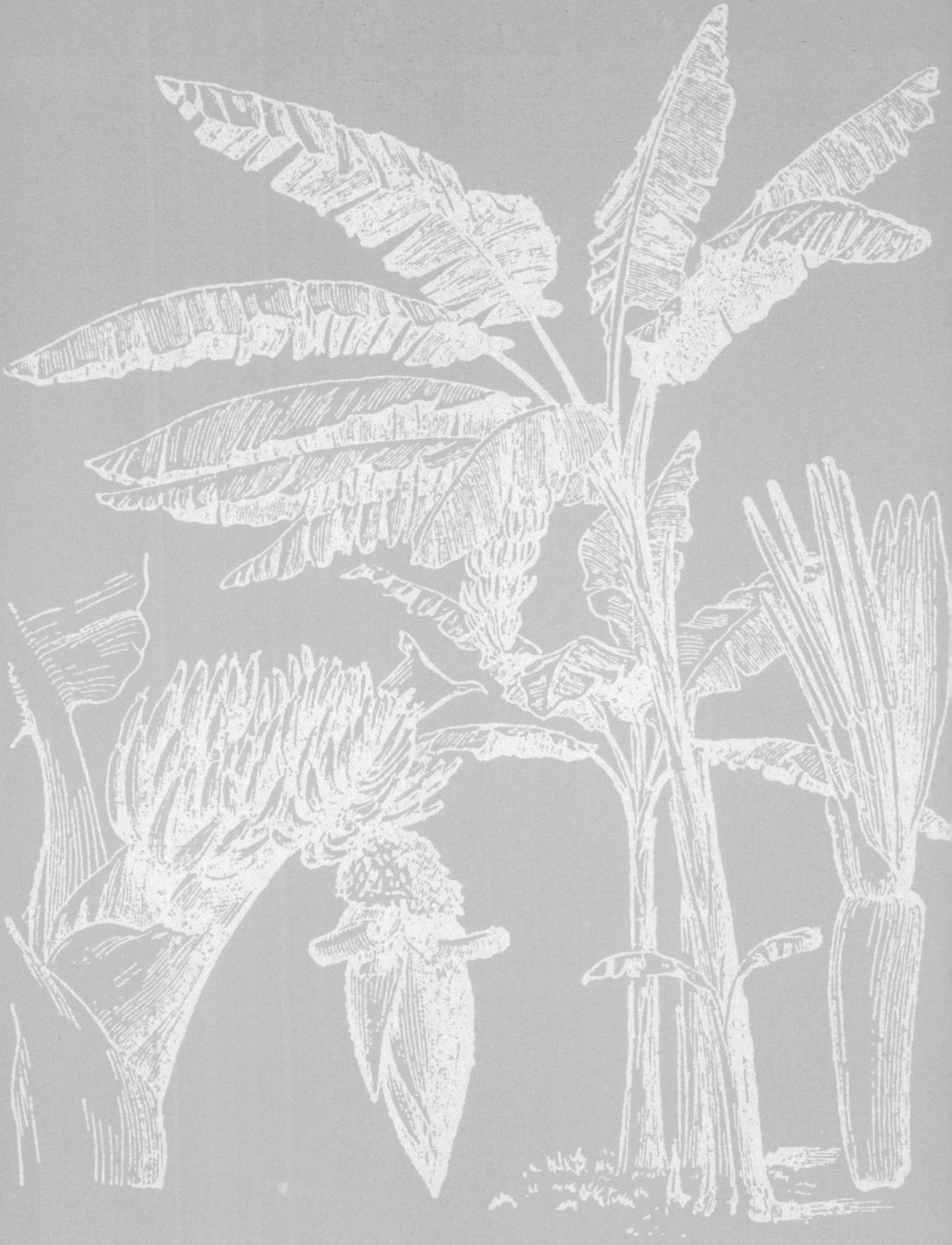

Pizza rápida (de frigideira) com farinha de banana verde

Ingredientes

150 g de farinha de trigo branca
50 g de farinha de banana verde
50 g de farinha de trigo integral
1 colher (sopa) cheia de semente de gergelim
4 colheres (sopa) de azeite
¾ de xícara (chá) de água com gás
7,5 g de fermento para pão
1 colher (sobremesa) rasa de açúcar orgânico
Sal a gosto

MODO DE PREPARO

1. Em um recipiente, dissolva o fermento com o açúcar mexendo até ficar úmido.
2. Acrescente a água e o azeite, e coloque as farinhas aos poucos, peneirando-as.
3. Adicione o sal, a gosto, e a semente de gergelim.
4. Sove a massa um pouco e deixe crescer por uns 20 minutos, cobrindo o recipiente com um pano e deixando em ambiente quente.
5. Após esse período, abra a massa em 4 partes e faça pequenas bolas.
6. Abra cada bola de massa com o rolo, até virar um disco de *pizza*.
7. Unte com azeite uma frigideira grande antiaderente e leve ao fogo bem quente.
8. Doure os discos de *pizza* e, depois, recheie e tampe rapidamente.

SUGESTÕES DE RECHEIO

Para quem não ingere leite de vaca e derivados: atum com cebola e molho de tomate caseiro; tofu com ervas e nozes picadas; *mix* de vegetais grelhados com cogumelos japoneses; mussarela de búfala, rúcula e tomate seco; alcachofra com molho de tomate, ou o que sua imaginação mandar!

Bolo de aveia, maracujá e coco (*dairy free*)

Ingredientes

1 ½ xícara (chá) de açúcar orgânico
½ xícara (chá) de farinha de trigo integral
2 xícaras (chá) de aveia em flocos finos
½ xícara (chá) de farinha de trigo branca
½ xícara (chá) de farinha de banana verde
1 xícara (chá) de suco de maracujá
4 claras de ovos grandes
6 colheres (sopa) de óleo de coco virgem e orgânico
½ xícara (chá) de coco ralado (seco ou fresco)

MODO DE PREPARO

1. Bata as claras em ponto de neve e reserve.
2. Bata o açúcar, o maracujá, o óleo e o coco em outro recipiente e reserve.
3. Junte as farinhas, o coco ralado (deixe umas 2 colheres de sopa para jogar sobre o bolo, antes de levar ao forno) e a aveia e, por último, acrescente as claras em neve.
4. Mexa delicadamente, até incorporar.
5. Despeje a massa em uma fôrma com buraco no meio, untada, leve ao forno preaquecido a 200 ºC e deixe até dourar.

DICA: Nesse bolo não vai fermento.

TEMPO DE PREPARO: 40 minutos de forno.

Bolo integral com leite de coco (sem leite de vaca)

Ingredientes

1 ½ xícara (chá) de farinha de trigo integral
½ xícara (chá) de farinha de quinoa
1 colher (sopa) de açúcar mascavo ou orgânico
1 pitada de sal
2 colheres (chá) de fermento em pó
½ xícara (chá) de óleo
1 xícara (chá) de leite de coco
½ xícara (chá) de melado de cana
1 colher (chá) de essência de baunilha
1 colher (sopa) de vinagre de maçã ou de arroz
½ xícara (chá) de uva-passa
½ xícara (chá) de coco ralado seco

MODO DE PREPARO

1. Em uma vasilha grande, junte os ingredientes, um a um, seguindo a lista acima.
2. Mexa até que forme uma massa homogênea.
3. Coloque-a em uma assadeira pequena untada e polvilhada (com farinha integral).
4. Leve para assar em forno médio preaquecido (180 °C) por 30 minutos.

TEMPO DE PREPARO: 1 hora.

RENDIMENTO: 20 fatias.

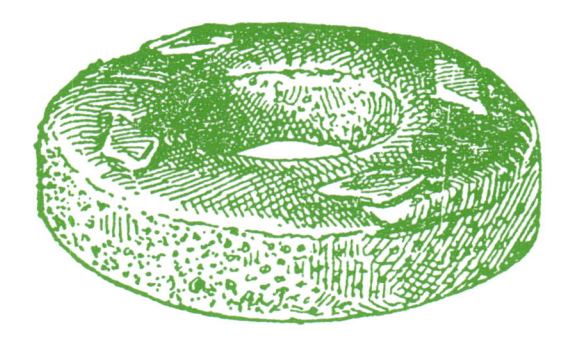

Penne integral com creme de espinafre

Ingredientes

500 g de macarrão do tipo *penne* integral cozido com água, azeite e sal (*al dente*)
500 ml de leite
1 caixinha de creme de leite fresco
2 colheres (sopa) de manteiga
½ cebola média picada
1 dente de alho picado bem fininho
1 xícara (chá) de espinafre refogado e picado (somente as folhas)
2 colheres (sopa) de pimenta-rosa
Sal e pimenta a gosto
1 xícara (chá) de biomassa de banana verde (polpa)
30 g de queijo parmesão ralado

MODO DE PREPARO

1. Bata no liquidificador o leite com a biomassa de banana verde até obter uma mistura homogênea e reserve.
2. Em outra panela, adicione a manteiga, o alho e a cebola.
3. Quando ficarem douradas, adicione o espinafre e, por último, a mistura da biomassa com o leite.
4. Acerte o sal e misture sobre o macarrão integral *penne*.
5. Finalize com queijo parmesão ralado e a pimenta-rosa.

RENDIMENTO: 6 porções.

Crepe francês (massa básica)

Ingredientes

- 3 ovos
- ½ xícara (chá) de creme de leite fresco
- 1 xícara (chá) leite
- ½ xícara (chá) de cerveja
- ½ xícara (chá) de biomassa de banana verde
- ½ xícara (chá) de farinha de trigo integral
- 1 colher (sopa) de óleo de milho
- Sal a gosto

MODO DE PREPARO

1. Bata todos os ingredientes no liquidificador.
2. Coloque numa vasilha e leve ao refrigerador.
3. Deixe descansar por mais ou menos 30 minutos.
4. Com essa massa, faça pequenos discos em frigideira larga e plana.
5. Deixe a massa dourar e vire-a de um lado para o outro.
6. Reserve.
7. Recheie a gosto.

DICAS

1. Para crepe sem glúten, basta substituir a farinha de trigo integral por farinha de arroz.
2. Essa é a massa básica para crepes doces e salgados.

SUGESTÃO DE RECHEIOS

Creme de palmito
Creme de camarão
Creme de aspargo
Carne moída com *shitaki*
Marguerita
Pizza
Quatro queijos
Doce de leite com coco
Romeu e julieta
Doce de banana com canela
Ganache com especiarias

RENDIMENTO: 10 crepes.

Isauri Lima é *chef* e professor de gastronomia.
E-mail: isauri.lima@ig.com.br

CRÉDITOS

Colaboraram com ingredientes na produção das receitas especiais as seguintes empresas:
- Vale Mais Alimentos. *Site*: www.valemaisalimentos.com.br
  (biomassa de banana verde).
- Belo Vale Alimentos. *Site*: www.belovale.com.br
  (farinha de banana verde).
- Copra Coco. *Site*: www.copracoco.com.br
  (farinha de coco e óleo de coco).

Índice de receitas

Bebidas,
    Café com leiteban, 111
    Cafeban, 111
    Chocolate quente encorpado, 112
    Iogurte encorpado natural ou de frutas, 112
    Iogurte morangoban caseiro, 113
    Leiteban caramelado com canela, 113
    Suco de banana batido, 114
    Suco multifrutas com polpa de banana verde, 114

Bolos,
    Bolo cascaban de menta, 115
    Bolo de casca de banana madura, 116
    Bolo de chocolate com cascaban e uva-passa, 117
    Bolo de fubaban, 118
    Bolo de laranja Maria, 119
    Bolo econômico de chocolate, 120
    Bolo moça fubaban, 121

Com farinha integral,
    Bolo de aveia, maracujá e coco (*dairy free*), 286
    Bolo integral com leite de coco, 287
    Crepe francês, 289
    Penne integral com creme de espinafre, 288
    Pizza rápida (de frigideira) com farinha de banana verde, 285

Doces e sobremesas,
    Arroz-doce com biomassa, 122
    Bavaroise de cafeban, 123
    Beijoban para festas, 124
    Bombocado cascaban, 125
    Brigadeirão branco de micro-ondas, 125
    Brigadeiro de banana verde, 126
    Cocada de cortar de banana verde, 126
    Cremeban à navegantes, 127
    Cremeban de chuchu, 128
    Cremeban de laranja e cenoura, 129
    Cremeban de limão, 130
    Doce de casca de abacaxi, 131
    Doce de casca de melancia com leite condensado, 132
    Doce de leite de biomassa, 133
    Docinhos de morango, 134
    Esquecidos de banana verde, 135
    Gelatina morangoban, 136
    Marrom-glacê de banana verde, 137
    Mingau de banarroz, 138
    Musse de maracujá, 139
    Pudim brigadeiro, 140
    Pudim cocoban de micro-ondas, 141
    Pudim de casca de banana madura, 142
    Pudim de goiaba com cascaban, 143
    Pudimban de frutas cristalizadas, 144
    Pudimban de leite condensado, 145
    Pudimban de maracujá, 146
    Queijadão saboroso, 147
    Surpresas de banana verde, 148
    Torta cocoban, 149

Torta de damascoban, 150
Tortaban de frutas, 151
Tortaban de maracujá, 153
Caldas e molhos,
   Calda de maracujá, 154
   Calda de morango, 154
   Chocolateban, 155
   Cobertura caldaban de chocolate, 155
   Cobertura para bolos e outros, 156
   Maionese iogurteban *light*, 157
   Maioneseban, 158
   Molho à bolonhesa com casca de banana verde, 159
   Molho agridoce, 160
   Molho agridoce simples, 160
   Molho ao sugo cremeban, 161
   Molho de ervas, 162
   Molho de hortelã, 163
   Molho de *ketchup* com cascaban, 164
   Molho de maracujá, 165
   Molho de mel e amora, 165
   Molho delícia de banana verde, 166
   Molho *poivre*, 167
   Molhoban à bolonhesa, 168
   Molhoban com Catupiry, 169
   Molhoban de tomate, 170
   Molhoban Madeira, 171
   Molhoban de mostarda, 172
Pães,
   Pão-d'água de banana, 173
   Pão de ervas, 174
   Pão de fôrma caseiro, 175
   Pão econômico, 176
   Pão fareloban, 177
   Pão milhoban americano, 178
   Pão queijoban, 179
   Pãozinho de banana verde, 180
   Pãozinho fofoban de leite condensado, 181

Pratos salgados,
   Almôndegas de arroz, 182
   Arroz à brasileira, 183
   Arroz cascaban com açafrão, 184
   Arroz cascaban com fígado, 185
   Arroz integral com banana verde, 186
   Arroz integral com chá verde, 187
   Arroz integral enriquecido, 188
   Bacalhau à cremeban, 189
   Baião de dois paulista, 190
   Banana palha, 191
   Banana verde à camponesa, 192
   Bobó de peixe com banana verde, 193
   Bolinhos com casca de banana, 194
   Boloban salgado de canjiquinha, 195
   Brasileirinho verde, 196
   Camarão gratinado, 197
   Canjiquinha especial, 198
   Cascaban *au gratin*, 199
   Cascovo à cremeban, 200
   Champignons sautés à la cascaban, 201
   Chop suey de banana verde, 202
   Chucrute de salsicha com cascaban, 203
   Cremeban de agrião, 204
   Crepeban de beterraba, 205
   Croqueteban de carne, 207
   Croqueteban de chuchu, 208
   Cuscuz de frango, 209
   Ensopadão feijãoban, 210
   Escalopinho agridoceban, 211
   Esfiha, 212
   Estrogonofe oriental com filé de peito de peru, 214
   Feijãoban à brasileirinha, 215
   Filés de robalo com Catupiry, 216
   Frigideira de carne, 217
   Hambúrguer de banana verde, 218
   Língua ao molhoban, 219

Lombo recheado com banana verde, 220
Macarrão com brócolis, 221
Macarrão cremeban com miúdos de frango, 222
Moela com banana verde, 223
Nhoqueban de arroz, 224
Nhoqueban de ricota com espinafre, 225
Nhoqueban maravilha, 226
Omelete de banana verde, 227
Paçoca de banana verde, 228
Pastelão de palmito cascaban, 229
Pateban saboroso de frango, 230
Picadinho de banana verde, 231
Picles de coração e casca de banana verde à vinagrete, 232
Pizzaban (massa básica), 233
Polentaban com molho verde, 235
Pudim de carne, 236
Pudim salgado de banana verde, 237
Quibeban, 238
Risoto cascaberin com açafrão, 239
Salada chinesa cascaban, 240
Salgadinhos queijoban, 240
Sanduichão tricolor, 241
Sequilhoban, 242
Steak filetado, 243
Torta de palmito, 244
Torta mista, 245
Tortaban a jato, 246
Viradinho de casca de banana, 247

Sem glúten,
    Biscoito de coco e páprica, 279
    Bolinho de cacau sem farinha, 269
    Bolo de chocolate sem farinha, 264
    Bolo de coco com biomassa, 263
    Farofinha doce funcional, 280, 281
    Massa delícia, 274
    Palitinhos, 268
    Panqueca, 267
    Pão caseiro com castanha-do-pará, 275
    Pão com frutas secas, 266
    Pão com sementes de girassol, 265
    Pãozinho de arroz e quinoa da Nigéria, 277
    Pasta de grão-de-bico, 276
    Picadinho de filé *mignon* suíno com purê de feijão-branco, 273
    Receita de cavaca, 270
    Salada de massa especial, 271
    Sopa de cenoura com gengibre, 272
    Tortinha de nozes, 278
Sopas,
    Caldinho de camarão, 248
    Caldinho de feijão, 249
    Caldinho de peixe com banana verde, 250
    Caldoban verde, 251
    Canjaban, 252
    Creme de abóbora, 253
    Sopa de abóbora e maçã, 254
    Sopa de banana verde, 255
    Sopa de feijão com banana, 256
    Sopa paraguaia de banana verde, 257
    Sopaban creme de agrião, 258
    Sopaban de tomate, 259